LES COULISSES DU MONDE.

L'HÉRITAGE

D'UNE

CENTENAIRE

PAR

LE VICOMTE PONSON DU TERRAIL,

Auteur de la Baronne trépassée, etc., etc.

3

PARIS,
BAUDRY, LIBRAIRE-ÉDITEUR
De Paul de Kock, Alphonse Karr, Léon Gozlan, Mme la comtesse Dash, Dumas,
Emm. Gonzalès, Mme Camille Bodin, Théophile Gautier, Méry, etc., etc.

32, RUE COQUILLIÈRE, 32.

LES COULISSES DU MONDE.

L'HÉRITAGE
d'une
CENTENAIRE.

A LA MÊME LIBRAIRIE, EN VENTE.

NOUVEAUTÉS :

LES AMOURS DE BUSSY-RABUTIN,

Par Madame la Comtesse Dash,

Revue piquante de la première moitié du dix-septième siècle, élégant reflet des Conteurs de Cape et d'Épée de la place Royale ou de la Chambre bleue d'Arthénice (roman complet en 4 volumes in-8°). — PRIX NET : 15 fr.

FRANCINE DE PLAINVILLE,

Est une de ces études de la vie intime et de bonne compagnie, comme Madame Camille BODIN seule a le secret de les tracer.

Ouvrage complet, en 3 volumes in-8 ; — PRIX NET : 12 fr.

LA TULIPE NOIRE,

D'Alexandre Dumas père,

Renferme un des récits les plus drôlatiques, les plus poétiques et les plus attendrissants à la fois qu'ait jamais commis la plume de notre grand romancier.

Ouvrage complet, en 3 volumes in-8 ; — PRIX NET : 13 fr. 50 c.

JEAN ET JEANNETTE,

De Théophile Gautier,

C'est-à-dire Watteau, Boucher et Crébillon fils ; les Bergères à chignons poudrés et les Bergers en chemises de batiste, les talons rouges, les camaïeux, les glaces dauphines : en un mot, le dix-huitième siècle dans sa plus coquette afféterie, dans sa toilette la plus mignonne, et par-dessus tout cela, ce tour naïf, ce style brillant, cette allure primesautière de l'esprit qui ont conquis à M. THÉOPHILE GAUTIER une place si élevée parmi les littérateurs contemporains

Ouvrage complet, en 2 volumes in-8 ; — PRIX : 9 fr.

LES DEUX FAVORITES,

SUITE ET FIN
D'ÉSAÜ LE LÉPREUX, par Emmanuel GONZALES,

Cet habile et dramatique Walter-Scott des Chroniques espagnoles.

Ouvrage complet, en 3 volumes in-8 ; — PRIX : 13 fr. 50 c.

LES COULISSES DU MONDE.

L'HÉRITAGE

D'UNE

CENTENAIRE

PAR

LE VICOMTE PONSON DU TERRAIL,

Auteur de la Baronne trépassée, etc., etc.

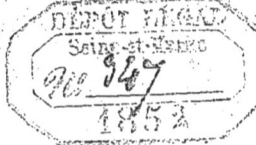

3

PARIS,

BAUDRY, LIBRAIRE-ÉDITEUR

De Paul de Kock, Alphonse Karr, Léon Gozlan, Mme la comtesse Dash, Dumas,
Emm. Gonzalès, Mme Camille Bodin, Théophile Gautier, Méry, etc., etc.

32, RUE COQUILLIÈRE, 32.

CENTENAIRE

Paris, imprimerie de Paul Dupont,
rue de Grenelle-St-Honoré, 45.

La consigne de Pornic.

V.

En sortant de Sainte-Pélagie, Pornic retourna d'abord au boulevard des Filles-du-Calvaire pour porter au vieux Pelao et à la petite Aïcha, — qu'il nourrissait tous deux de son travail depuis l'arrestation de Bernard, — des nouvelles de ce dernier.

Puis il prit la route du faubourg Saint-Germain et se dirigea vers la rue de Lille en grommelant :

— Faudra ben que je la trouve la petite dame. Mais comme il longeait le quai, sa pipe à la bouche, il aperçut un bon bourgeois qui s'en allait en fredonnant, la canne à la main, en pantalon de nankin et habit bleu barbeau, le chapeau crânement incliné sur l'oreille, comme le bonnetier du coin, sapeur dans sa compagnie, et qui, sous le costume de pékin, conserve toujours une tournure martiale.

Le bon bourgeois qui cheminait guilleret et le nez au vent n'était autre que l'excellent oncle de Bouglais-Coquentin, ce digne monsieur de Bachelet.

Il passa sans prendre garde à Pornic, mais Pornic, lui, le reconnut parfaitement.

— Oh! oh! murmura-t-il, où va cette vieille canaille? M'est avis que c'est encore un de ceux qui veulent du mal à M. Bernard et à Kerbrie. Faut que je sache où il perche…

Et Pornic se prit à suivre Bachelet qui remontait le quai d'Orsay et prit la rue du Bac.

Ils arrivèrent ainsi tous deux à la porte de l'hôtel garni tenu par madame Théophraste Carnaud, née Marguerite-Yvonne Fleur-des-Genêts Bilain.

Bachelet s'arrêta sur le seuil et Pornic à vingt pas de Bachelet.

— Faut croire, dit-il, que c'est là qu'il perche.

Et il allait reprendre le chemin qu'il avait suivi, quand Bachelet se retourna soudain.

Pornic voulut s'effacer dans une allée, mais il était trop tard, Bachelet l'avait vu.

— Hum! pensa celui-ci, qu'est-ce que

Pornic vient rôder par ici ? voici qui sent mauvais...

Et il entra dans l'hôtel, monta rapidement à sa chambre, et vint se coller derrière les persiennes pour mieux voir... mais Pornic n'était plus là !

———

Pornic avait pris une petite rue transversale, puis il avait gagné la rue de Babylone, la rue Vanneau, et était tombé enfin rue de Lille, au milieu de laquelle il s'arrêta.

— Ah ! çà, pensa-t-il, le suisse de l'hôtel me connaît, faut être fin... je vas envoyer un commissionnaire.

Un auvergnat dormait paisiblement sur son crochet.

— Hé ! l'ami, dit Pornic, je vas te faire gagner vingt sous.

L'Auvergnat se dressa sur ses jambes.

— Une commission ? dit-il.

— Tout juste : tu vas aller au 160, là, ce grand hôtel, et tu demanderas si madame de Willermez... oui, c'est bien ça, Willermez... drôle de nom tout de même.. tu demanderas si elle est encore à la campagne... et si on te dit oui, tu demanderas à quel endroit ?

— Mais, fit le commissionnaire, si on me demande ce que je lui veux ?

— Tu diras que tu as une lettre à lui remettre en main propre.

Le commissionnaire partit et revint peu après...

— Cette dame est à Bougival, dit-il.

— Où donc que c'est ça Bougival ?

— C'est près de Saint-Germain.

— Bon ! fit Pornic, en payant l'Auvergnat, j'y vais...

Mais il était presque nuit, et c'était folie de se mettre en campagne à pareille heure..

Pornic le comprit et retourna chez lui.

Le lendemain, il prit la route de Saint-Germain, s'informa adroitement sur la route, finit par trouver la villa de madame de Willermez, en fit plusieurs fois le tour, étudia la topographie des lieux et se dit :

— M'est avis qu'il vaut mieux faire ses coups de nuit que de jour...

Et il alla se promener au bord de la Seine, pêcha des goujons et revint s'établir sur la chaussée de Bougival dans une petite guinguette où on lui servit à dîner.

A huit heures et demie environ, quand la nuit fut venue, Pornic se dirigea vers la villa ; c'est dans ce trajet qu'il rencontra la calèche de Gaston, aida à la sortir de l'ornière, fut frappé de l'étrange ressemblance du jeune homme avec le portrait que possédait jadis Bernard, et s'élança à sa poursuite...

Mais la calèche brûlait le pavé ; bientôt Pornic s'arrêta essoufflé, et, n'apercevant plus dans l'éloignement que la clarté des fanaux, il renonça à l'atteindre et revint sur ses pas.

A dix heures, grâce à la cohue de valets qui se pressait aux abords de la villa, Pornic se glissa dans le parc et se blottit dans une touffe de noisetiers. Il aperçut madame de Willermez ; il la suivit constamment des yeux pendant qu'elle dansait, se glissa d'un massif à l'autre chaque fois qu'elle changeait de place et se dissimula derrière un tronc d'arbre pour écouter le mystérieux entretien qui eut lieu entre elle le comte de Maucroix, Bachelet et Karnieuc.

Mais ils parlaient à voix basse et Pornic était loin : — il n'entendit rien, — si ce n'est quelques mots détachés, pour lui vides de sens, mais dont l'un cependant prononcé par Bachelet le frappa. Le Normand avait dit :

—J'ai le père sous la main... et soyez tranquille !

Puis quand les invités furent partis et que madame de Willermez se fut célée dans le pavillon, Pornic se glissa le long du mur et vint, à bas bruit, se coller contre les jalousies de la fenêtre.

Ce fut alors qu'il l'aperçut dépouillant son dossier volumineux :

— Hum ! dit-il, voilà le moment, je crois.

Mais il s'arrêta.

— Il faut que j'écoute un brin ce qu'elle dit, murmura-t-il, je ne suis pas pressé ; j'ai le temps.

Et il s'établit commodément pour entendre, mais il fit un léger bruit, et comme madame de Willermez se leva effrayée et vint à la fenêtre, il se rejeta vivement en arrière dans une touffe, — puis retourna à son poste quand elle eut repris sa place.

Une seconde fois, un mouvement qu'il

fit faillit le trahir, car son ombre apparut sur le mur, et la jeune femme sortit précipitamment et fit le tour du pavillon. Pornic tourna à mesure qu'elle tournait, et vint s'arrêter de nouveau devant la fenêtre, tandis que, rassurée, elle rentrait et se rasseyait pour reprendre son calcul.

Le nom de Kerbrie, prononcé deux ou trois fois, fit tressaillir le gars; il écouta avec une sérieuse attention les additions de madame de Willermez, puis quand il se fut bien convaincu qu'il s'agissait de l'héritage de Kerbrie et de son futur partage entre les collatéraux, — alors il enfonça la croisée d'un coup de genou, et sauta dans le pavillon, ayant à la main ce magnifique couteau breton, long de six pouces, dont nous avons déjà parlé.

L'escalier dérobé.

VI.

Madame de Willermez demeura un moment muette de stupeur, et elle considéra Pornic d'œil presque hagard.

— Les papiers de Gaston de Kerbrie ?

dit-elle enfin en pesant sur chaque mot : et qu'en voulez-vous faire ?

— Dame ! répondit Pornic, je veux les lui porter.

— Vous savez bien qu'il est en Suisse...

— Nenni point ! madame, il est à Paris à c'te heure.

— Vous êtes dans l'erreur, mon ami, fit-elle d'une voix insinuante.

— Je sais ce que je dis, car je viens de le voir.

— De le voir ? s'écria la jeune femme, avec un accent dont elle ne put dissimuler la surprise et l'irration.

— Et même, continua Pornic, je crois bien que le fils de Kerbrie sortait de chez vous quand je l'ai rencontré... à preuve qu'il était dans une belle voiture, et que beaucoup d'autres voitures pareilles sont parties d'ici dans la soirée.

Pornic avait compté sur cet argument pour foudroyer madame de Willermez;

mais il recula d'étonnement, quand la jeune femme, à qui son sang-froid était soudain revenu, répondit d'une voix caressante :

— C'est vrai, il sort d'ici, et je lui ai remis les papiers que vous me réclamez.

Le gars bas-breton fut une minute interdit et il regarda la jeune femme d'un air hébété. Heureusement il était doué d'un gros bon sens qui pliait bien au premier choc, mais se redressait tout de suite après.

— Alors, dit-il d'un air bonhomme, pourquoi donc m'avez-vous dit d'abord qu'il était en Suisse ?

C'était au tour de madame de Willermez à éprouver un trouble violent.

— Parce que... dit-elle, parce que...

Tout-à-coup elle marcha droit à Pornic, lui prit la main et, le regardant en face :

— Êtes-vous un homme d'honneur ? fit-elle.

— Si c'est être homme d'honneur de ne point mentir, d'aimer le roi et d'être dévoué à ceux dont on a mangé le pain, pour ça je le suis, répondit-il.

— Vrai?

— La vérité vraie.

— Et vous êtes réellement dévoué à Gaston?

— Pardine!

— C'est que, fit-elle ingénument, Gaston est entouré de tant d'ennemis, que je crains toujours un piége, — et c'est pour cela que je vous ai dit, d'abord, qu'il était en Suisse. Mais il est arrivé hier, et est venu ici; je lui ai remis les papiers et les titres...

Pornic prit une chaise, s'assit carrément, et, regardant madame de Willermez, partit d'un gros éclat de rire :

— Faut vous dire, fit-il, que je ne sommes pas si bête que j'en ons l'air, notre belle dame, et que les *colles* comme celle-là, ça ne prend guère...

— Que voulez-vous dire? murmura la jeune femme d'un ton de dignité blessée.

— Je veux dire, notre belle dame, que c'est des blagues que vous me contez là. Voyez-vous, j'ai l'habitude de croire deux hommes en ce monde, — le vieux Pelao qu'est sorcier, — et mon brigadier, M. Bernard. Or, M. Bernard m'a dit :— Pardon excuse, si je vous offense, — M. Bernard m'a dit : Tu sais, cette petite femme qui nous a enjôlés si proprement, hein? eh ben! c'est elle qui veut voler l'héritage de Kerbrie, — à preuve qu'elle a des relations avec Bachelet le Normand. Oh! quelle canaille, celui-là ! Pardon excuse, notre belle dame...

— Moi, voler l'héritage de Kerbrie, s'écria madame de Willermez; mais vous êtes fou!

— C'est pas moi qui le dis, notre belle

dame, j'ons trop de respect pour le beau *sesque*, voyez-vous, mais c'est M. Bernard... et dame!

— Mais vous ne le croyez pas, je suppose!

— Si fait! puisque je crois tout ce que dit M. Bernard.

— Mon Dieu! murmura la jeune femme jouant d'une douloureuse indignation, cet homme est stupide.

— Ça pourrait ben être tout d'même, murmura humblement le gars; les Bretons, voyez-vous, c'est pas fin, c'est pas madré comme les Normands, ça n'entend rien aux procès que font durer les avocats, mais c'est honnête, dame! et puis... c'est têtu! ah! mais oui, notre belle dame...

— Mais enfin! s'écria madame de Willermez, où voulez-vous en venir?

— Je veux, fit laconiquement Pornic, les papiers du fils de Kerbrie.

— Mais je ne les ai plus!

— Tarare !

— Mais je vous jure...

— Oh ! dit tranquillement le Bas-Breton, je me suis laissé dire que les femmes ça faisait des serments... enfin suffit ! Ça ne tire pas à conséquence...

— Insolent !

— Faut pas vous fâcher ; si je vous offense, c'est que je n'ai pas l'usage du monde, dà ! autrement...

— Sortez, exclama la jeune femme en lui montrant la porte.

— J'en ons ben envie tout d'même, allez. Mais il me faut les papiers auparavant.

Et Pornic caressa la lame de son couteau.

— Je crois, Dieu me pardonne, fit ironiquement madame Willermez, que vous voulez m'assassiner.

— Ma foi, dame ! ça se pourrait bien...

La jeune femme porta vivement les yeux vers le cordon de la sonnette qui pendait le long de la cheminée et se précipita pour le saisir; mais plus prompt qu'elle, Pornic s'élança et le releva tout en haut, de manière qu'il était impossible de l'atteindre.

— Au fait, murmura-t-il, c'est bête d'assassiner une femme avec un couteau, c'est canaille même!

Madame de Willermez respira.

— Et, poursuivit Pornic, surtout quand on a des poings comme ça.

Il jeta son couteau par la fenêtre et retroussa fièrement ses manches jusqu'aux coudes.

— Faut vous dire, notre belle dame, qu'aux pardons de Bretagne j'assommais un bœuf en deux coups.... et pourtant, Jésus Dieu! j'en suis pas plus fier, dame! J'ai jeté mon couteau, je vas vous étrangler...

Madame de Willermez poussa un cri.

— Hé là ! là ! notre belle dame. Criez pas, Jésus Dieu ! criez pas... faudrait que je me presse, et je suis feignant de mon naturel...

A ces mots, il prit le cou de madame de Willermez dans ses larges mains.

— C'est-y mignon cette peau de satin ! fit-il avec une naïve admiration. Et dire que ça va devenir tout bleu... Quel malheur ! et il pressa légèrement le col de cygne de la jeune femme...

— Mais que vous faut-il donc, démon ? hurla-t-elle exaspérée.

— Les papiers, donc !

Et il serra un peu plus fort.

— Lâchez-moi, dit-elle d'une voix où couvaient des tempêtes, je vais vous les donner.

— Ah ! soupira Pornic, v'là encore une bonne idée que j'ai eue, quoique je sois bête. C'est comme le Blondin... ajouta-t-il en riant.

Puis il lâcha le col pour prendre la main de madame de Willermez, et il lui dit:

— Donnez-moi donc ces papiers, notre belle dame...

— Ils ne sont pas ici, — ils sont dans ma chambre à coucher.

— Bon! dit Pornic; et avant d'aller à votre chambre, il faudra traverser une partie de la maison, et vous trouverez bien en route le moyen de me faire arrêter par vos domestiques.

— Mes domestiques dorment, et puis ma chambre ouvre sur le parc.

— C'est égal, dit Pornic, puisque je ne veux pas me servir de mon couteau et que je ne peux pas vous étrangler en route, je vas prendre un moyen à moi connu... Faut vous dire qu'il y avait à Kerbrie un gars qu'avait navigué partout la mer et qui disait que dans un certain pays, on étranglait les femmes avec une ficelle mince, mince... tenez, comme ça...

Et Pornic tira de sa poche un peloton de cordonnet.

Ce diable de Pornic avait toujours du chanvre en poche, et il avait dit vrai au Blondin : il adorait la strangulation.

— Voyez-vous, continua-t-il en débrouillant sa ficelle, je fais un nœud coulant... bon !... je vous le mets au cou... bon, toujours !.. Je tiens les deux bouts, un de chaque main, je fais deux tours sur le poignet pour que ça ne glisse pas, et puis je vous dis : — Ma petite dame mignonne, donnez-vous donc la peine de passer la première. — Et je vous suis à deux pas, comme il convient à un homme de ma condition qu'est en présence d'une baronne, quoi !

— Vous êtes un monstre ! fit madame de Willermez rugissante et les lèvres bordées d'une écume livide.

— Ça fait, poursuivit Pornic, que si par hasard nous venons à rencontrer un de vos domestiques, crac ! je tire la ficelle, et voilà ! Vous vous expliquerez avec le diable dans l'autre monde... Oh ! soyez tranquille, je suis fort et vous ne souffrirez pas... j'assommais un bœuf au pardon de Quimper.

— Mais, s'écria madame de Willermez, qui, toute esclave qu'elle était à cette heure, se révoltait à chaque minute et se crispait de rage, si nous rencontrons mes domestiques sans que je les appelle, sera-ce ma faute ?

— Dame ! fit Pornic, c'est la chance, quoi ! Pourquoi donc aussi que vous nous avez enjôlés et que vous nous avez pris les papiers ?...

— Oh ! murmura la jeune femme, voilà un homme dont il me faudra le sang quelque jour...

Puis elle ouvrit la porte et dit :

— Venez, suivez-moi.

— Un moment, dit Pornic, faut pas

que je laisse mon couteau ; je veux pas m'en servir, mais il m'a coûté treize sous au pardon de Quimper, et j'ai pas le moyen de les perdre...

Et Pornic ramassa son couteau qui gisait sur le sable sous la fenêtre, le mit dans sa poche après l'avoir fermé.

Elle s'élança dans le parc d'un pas si rapide que le gars, qui tenait solidement les deux bouts de la ficelle, avait peine à la suivre.

C'était une belle nuit tout étoilée, la lune baignait la villa de ses rayons, les grillons sifflotaient sous l'herbe, une fauvette murmurait son chant bizarre dans un buisson, aucune lumière retardataire ne brillait aux fenêtres, et madame de Willermez put gagner la terrasse sans être aperçue.

Les persiennes d'un salon étaient ouvertes et les vitres n'étaient que poussées ; elle rentra sans peine et, à la clarté de la lune, gagna une porte dont elle pressa le bouton.

Cette porte donnait sur un corridor qu'ils traversèrent tous deux et qui les conduisit au grand escalier.

La chambre à coucher de madame de Willermez était au premier étage au-dessus de ce rez-de-chaussé qu'entourait une terrasse prolongée en cordon tout autour de la villa. La jeune femme retenait son haleine en gravissant l'escalier. Pornic avait ôté ses bottes et, sans lâcher la corde, il les portait d'une main.

Madame de Willermez pénétra d'abord dans une antichambre, puis dans un salon et ensuite dans sa chambre. Toutes ces pièces étaient désertes et nos voyageurs nocturnes passèrent au travers sans lumière. La lune, filtrant par les persiennes, suffisait pour éclairer leur marche.

Arrivée dans sa chambre, la jeune femme referma prudemment la porte, chercha des bougies phosphoriques et alluma un flambeau sur la cheminée.

— Donnez-moi le temps de respirer, dit elle alors en se laissant tomber sur un siége ; après je vous rendrai vos papiers.

— Oh! dit Pornic touché de l'air d'abattement répandu sur son visage, je ne suis pas à l'heure, respirez tant que vous voudrez. Et même, ajouta-t-il, maintenant que nous sommes ici, que la porte est fermée et que je peux vous étrangler en un tour de main, je vais laisser ma ficelle.

Là-dessus, il s'approcha de madame de Willermez, et avec toutes les formes délicates nécessaires, il lui ôta la corde du cou, et la roula proprement avant de la remettre dans sa poche.

La jeune femme se leva, ouvrit la porte d'un petit cabinet de toilette, et, tirant une clé de son sein, la mit dans la serrure d'une seconde porte masquée par la tapisserie...

— Les papiers sont dans cette armoire, dit-elle en regardant Pornic d'un œil calme.

— Bon ! dit celui-ci.

— Mais, ajouta-t-elle, avant de tourner la clé dans la serrure, prenez le flambeau qui est sur la cheminée et éclairez-moi.

Pornic ne vit dans cette injonction rien que de fort naturel, et il alla prendre le flambeau...

Mais il le tenait à peine qu'un bruit sec retentit, et, en se retournant, le gars vit la porte du cabinet de toilette refermée vivement, et il entendit au même instant pousser un verrou : — madame de Willermez venait de se barricader.

Pornic demeura abasourdi une minute, puis il s'élança contre la porte.

— Oh ! dit-il, j'ai de bonnes épaules, ma petite dame... vous allez bien voir...

Et appuyant un de ses pieds à un meuble assez lourd pour se servir d'un point d'appui, il donna dans la porte une terrible secousse qui ébranla toute la cloison... la porte ne se brisa point!

Pornic revint à la charge, redoubla son effort et ne fut pas plus heureux : — mais à la troisième secousse, le verrou ne résista plus, et il pénétra dans le cabinet avec la violence d'un boulet de canon qui troue une palissade.

Mais, ô stupéfaction profonde! — le cabinet était vide!...

Pornic se sentit défaillir et jeta un regard stupide autour de lui...

— Disparue! disparue! murmurait-il du ton d'un homme ivre.

Et il frappait les murs de son poing, cherchant une ouverture, un trou, un lieu quelconque, où la prisonnière eût pu se dissimuler.

Il n'y avait que l'armoire indiquée

naguère par madame de Willermez; mais la clé n'était plus dans la serrure!

Alors Pornic essaya du moyen qui lui avait réussi déjà, mais l'armoire ouvrait en dehors sans doute et non en dedans, et ses épaules se meurtrirent vainement; vainement il se raidit comme Antée... la porte était de chêne et ne gémit même pas.

Or, pendant qu'il redoublait ses efforts infructueux, une bouffée d'air frais passant par le trou de la serrure vint effleurer son front ruisselant.

— De l'air, s'écria-t-il, ce n'est donc pas une armoire?

Et il colla son œil au trou et aperçut un rayon de lumière, et à la faveur de ce rayon, la rampe d'un escalier de service.

Ce fut le dernier coup : le pauvre sot se laissa tomber demi-mort sur le parquet et fondit en larmes.

— Joué! murmura-t-il.

Mais chez lui, comme chez Bernard, les torpeurs morales étaient de courte durée; il se leva soudain et songea à fuir.. un bruit confus l'arrêta.

Des pas précipités, des cris retentissaient dans les corridors, et les serviteurs, à qui sans doute madame de Willermez avait donné l'alarme, accouraient munis d'armes et de torches pour s'emparer de l'audacieux voleur qui s'était introduit dans la villa et jusque dans la chambre de leur maîtresse.

La fuite était impossible!

Pornic fit, éperdu, le tour de la chambre, cherchant une autre issue que l'issue des grands appartements, ne la trouva point, alla à la fenêtre, l'ouvrit et mesura la distance...

Il n'y fallait pas songer; la terrasse régnait en bas, et sauter, c'était se briser inévitablement sur les dalles.

Pornic retourna à la porte, tira les verrous, puis vint à la cheminée, prit une des énormes barres de fer du foyer et la saisit à deux mains.

— Bon ! dit-il ; quand ils viendront, j'en assommerai trois ou quatre, et les autres, peut-être, me laisseront passer.

Mais, comme il achevait, la porte qu'il avait vainement essayé d'ébranler au fond du cabinet de toilette, tourna mystérieusement sur ses gonds et livra passage à un homme de haute taille, noir de couleur, les cheveux et la barbe blanche...

C'était le vieux nègre que nos lecteurs ont entrevu déjà.

Pornic marcha vers lui menaçant :

— Arrière, l'ami ! lui cria-t-il.

— Chut ! fit le vieillard du geste.

— Arrière ! vous dis-je.

— Je viens vous sauver, dit le nègre, suivez-moi.

Et il saisit Pornic par le bras et l'entraîna dans l'escalier dérobé par où s'était enfuie madame de Willermez... et comme elle, il referma la porte.

Madame de Willermez arriva presque aussitôt à la tête de ses serviteurs par la porte de sa chambre qu'on avait brisée à coups de hache : — à son tour, elle trouva la chambre et le cabinet vides; — et, au comble de l'exaspération, elle s'écria :

— Ces Bretons ne sont pas des hommes... ce sont des démons!

Le nègre.

VII.

Le nègre avait un poignet de fer. Il entraîna Pornic, et Pornic, dompté par cette force herculéenne, Pornic qui assommait un bœuf à coups de poing au pardon de

Quimper, se laissait conduire avec la docilité d'un enfant.

Au lieu de descendre l'escalier tournant, tous deux le gravirent et montèrent jusqu'aux combles. Là, le vieux noir prit un étroit corridor, poussa la porte d'une mansarde, y fit entrer Pornic et ferma la porte. Puis, du geste, il lui indiqua un lit de sangles et lui enjoignit de s'asseoir.

Pornic obéit sans dire mot.

Alors, le noir le regarda fixement et lui dit :

— Que venais-tu faire ici?

— Ceci, dit Pornic, est mon secret.

— Venais-tu pour tuer madame?

— Peut-être, dit froidement le gars.

Un fauve éclair traversa les yeux du nègre.

— Et, dit-il avec une certaine hésitation, recommencerais-tu, si tu pouvais?

— Oui, fit Pornic d'un air sombre.

— La nuit prochaine?

— Oui, si je le pouvais.

— Tu le pourras.

Pornic étouffa un hurlement de joie :

— Comment cela? demanda-t-il.

Le nègre tira une clef de son sein :

— C'est celle du boudoir, dit-il.

— Qui conduit à sa chambre à coucher?

— Oui.

— Mais si l'on me trouve auparavant?

Le nègre, pour toute réponse, ouvrit un grand coffre, y poussa Pornic, et rejeta par-dessus de vieux habits.

— Reste là, dit-il. Je t'apporterai à manger.

Et le nègre sortit de la mansarde, referma la porte à clef et descendit sans bruit, laissant Pornic, qui respirait à grand'peine dans sa bizarre prison.

Heureusement, le sommeil est souvent un précieux auxiliaire; Pornic n'avait dormi de la nuit, il était harassé... il s'endormit.

Quand il s'éveilla, aucun bruit ne résonnait plus dans la maison, et, à travers les fentes et les ais mal joints du coffre, il put apercevoir un rayon de soleil qui s'épanouissait joyeux sur les carreaux de la mansarde. Alors, il se hasarda à sortir de sa cachette, et il alla coller son oreille à la porte : — un silence profond régnait dans le corridor et l'escalier...

Il courut à la fenêtre : — la fenêtre donnait sur le parc, le parc était désert; à la position du soleil dans le ciel, Pornic, qui avait passé sa vie dans les champs, jugea qu'il pouvait être environ cinq heures du soir.

— Ai-je dormi, Jésus Dieu ! pensa le gars breton ; puis il porta la main à son estomac avec un geste de douleur.

— J'ai faim... murmura-t-il. Et ce moricaud qui ne vient pas !...

Et Pornic retourna à la fenêtre, inspecta de nouveau le parc, puis la terrasse, puis les croisées percées verticalement en dessous. — Parc et terrasse étaient vides d'êtres humains, — et les contrevents des croisées étaient soigneusement fermés.

— Ah çà! murmura-t-il, est-ce qu'ils sont tous morts, ici?

Il fut tenté un moment de sortir et d'aller voir d'où provenait ce lugubre silence; mais un reste de prudence l'en empêcha.

— Attendons la nuit, se dit-il, domptant les fougueux tiraillements de son estomac.

Et il s'assit sur son coffre, prêt à s'y ensevelir à la moindre alerte.

Durant le reste de la soirée, le même silence qui l'avait si fort effrayé ne cessa de régner; seulement, vers la brune, un jardinier, qui avait son logement au fond du parc, vint faire le tour de la villa, s'assura que tout était bien fermé et s'en alla.

— Faut croire, se dit Pornic, que quelque sorcier a passé par ici ce matin et leur a jeté un sort.

Le gars Pornic avait servi dans le 2ᵉ spahis, il avait mangé du chameau flambé et bu du vin bleu aux barrières de Paris ; mais il était resté Breton de la racine des cheveux à la semelle de ses bottes fines : — il croyait aux sorciers... Il est vrai qu'il ne les craignait guère, n'ayant rien à se reprocher et ayant toujours religieusement déposé, le jour des Rois, sur le seuil du manoir de Kerbrie, une écuellée de grous, pâtisserie peu raffinée, mais dont raffolent les sorciers du pays de Bretagne.

Aussi attendit-il la nuit close sans autre inquiétude que cette faim dévorante qui le faisait tressaillir à chaque instant; puis, la nuit close venue, il se hasarda à faire sauter avec la pointe de son couteau la gâchette de la serrure que le nègre avait fermée en se retirant; puis encore, la porte ouverte, il se glissa à tâtons dans le corridor, s'orienta de son mieux, parvint à l'escalier et descendit trois étages.

Alors, il fouilla dans sa poche, amena la clef que lui avait remise le nègre, ouvrit la porte du boudoir et pénétra sans bruit dans la chambre à coucher de madame de Willermez : là, il hésita quelques minutes, retenant son haleine et réfléchissant. Puis une idée lui vint et il se dit :

— Les femmes, ça commence par jacasser et faire du bruit : celle-là dort, mais si je n'y prends garde, elle s'éveillera et appellera au secours. Je vas m'approcher du lit, — on n'y voit guère, mais c'est égal, je la prendrai par le cou et je lui dirai :

— Je suis Pornic... Vous savez... si vous criez... et puis je lui dirai encore : — Pardon, excuse, mais je viens toujours pour notre petite affaire... Vous savez... les papiers...

Et Pornic fit un pas.

— Ah! diable! fit-il, et si elle allait me jouer un tour comme ce matin... C'est malin cette petite femme blanchette... c'est roué...

Cette réflexion arrêta court Pornic :

— Si je l'étranglais tout d'un coup... les morts, ça n'est pas bien malin... et puis ça ne parle pas... Mais les papiers, qui me les donnerait ?... Et puis, dame! tuer une femme, pouah! Je ne connais rien au beau *sesque*, mais c'est égal... c'est pas beau du tout cela... vaut mieux que je la tienne bien fort... oh! mais là, rudement...

Et, là-dessus, il s'approcha du lit, étendit les bras, chercha, chercha encore...

— Rien! dit-il, elle n'y est pas...

Nouvelle hésitation, nouvelle anxiété de Pornic.

— Ah! dame! s'écria-t-il enfin, je suis peureux comme une garcette du pays nantais. Feignant, va!

Il se souvint alors que, la nuit précédente, madame de Willermez s'était procuré de la lumière à l'aide de bougies phosphoriques placées sur la cheminée.

— Faut voir clair d'abord, dit-il.

Il alluma une bougie, saisit le flambeau, revint près du lit et se convainquit une deuxième fois qu'il était bien vide.

— Bon! pensa-t-il, je trouverai peut-être les papiers tout seul.

Et il ouvrit successivement plusieurs armoires auxquelles on avait laissé les clés, fouilla et refouilla, fureta dans tous les coins, mais ne trouva rien de semblable à ce qu'il cherchait.

— Passons dans une autre pièce, se dit-il, en quittant la chambre à coucher pour le salon. Le salon était pareillement désert. Là, mêmes recherches infructueuses. Après le salon, il inspecta tour-à-tour plusieurs appartements, enfonça tous les meubles, toutes les armoires dont on avait retiré les clé, avec sang-froid, sans se gêner et ne s'inquiétant nullement de cette solitude bizarre qui l'environnait. Souvent il trouvait des objets de prix, de beau linge, des bijoux, de l'argenterie, et s'il eût été un voleur... mais fi ! Pornic ne voulait qu'une chose : — les papiers, pas davantage !

De papiers, pas l'ombre !

Du deuxième étage Pornic arriva au premier qui n'était à vrai dire qu'un rez-de-chaussée de quelques pieds au-dessus du sol.

Pas plus que le deuxième, le premier ne renfermait les papiers ; et certes, Pornic fouilla consciencieusement... Alors il se prit à réfléchir.

— Faut croire, se dit-il, que puisque les papiers ne sont pas ici et qu'il n'y a personne, faut croire que la petite dame a eu peur, et qu'elle s'en est allée pendant que je ronflais dans mon coffre.

Et Pornic avait raison. Madame de Willermez, après avoir fait bouleverser la villa pour trouver Pornic, n'avait point voulu s'exposer à une nouvelle surprise, et elle avait aussitôt préparé son départ et celui de ses gens qui s'était effectué dans la journée, ne laissant qu'un jardinier à la villa.

Était-ce oubli ou indifférence? le vieux nègre n'avait point prévenu Pornic et était parti avec sa maîtresse.

Pornic continua ses investigations quelque temps encore, puis y renonça découragé :

— Ouf! que j'ai faim! fit-il. Est-ce qu'on ne trouverait rien à becqueter, par ici?.. Vilain moricaud, va! il m'avait si bien promis de m'apporter de la pâtée...

Pornic descendit aux offices, enfonça deux ou trois buffets et finit par trouver dans l'un d'eux les restes d'une volaille et les débris d'un pâté. Non loin, couchées sur le ventre, étaient quelques bouteilles de vieux bordeaux, couvertes d'une vénérable poussière :

— Hum ! fit joyeusement le gars, puisque le Blondin n'y est pas, faut pas se gêner ; j'aime le bleu, c'est vrai, mais j'aime encore mieux ce *bouillon d'herbes*.

C'était la qualification qu'il avait appliquée aux vins fins, le jour où il emmenait le Blondin à Montfaucon et lui payait du crû de Suresnes pour le griser plus sûrement par les mélanges. Pendant quelques minutes, Pornic dévora ; mais, le premier appétit satisfait, il se prit à réfléchir à tout ce qu'il y avait de bizarre et d'étrange dans sa situation.

Il avait enfoncé vingt placards, brisé plusieurs coffrets charmants, il avait été maître deux heures dans cette vaste maison ; ses mains rudes avaient bouleversé le lit parfumé d'une femme à la mode, ses pieds s'étaient lourdement appuyés sur de moelleux tapis, il avait aperçu son image dans dix glaces de six pieds de hauteur, il s'était assis sur des chaises et des fauteuils qui pliaient sous lui et dont il ne sentait pas le fond, quoi! — Et tout cela, mon Dieu! dans le seul but de trouver quelques vieux parchemins jaunis, renfermés dans un étui de fer-blanc de vingt sous, et un portrait enfumé, œuvre du premier Vander-Croûte du pays de Caux ou du Quimpérois qui, au choix, peignait le portrait, l'histoire, le ceps de vigne sur l'enseigne de cabaret et, à la rigueur, posait une vitre, — un bloc de deux francs pour un marchand de bric-à-brac...

Et pour se procurer cela, notre ami Pornic ne regardait pas à briser des serrures, à faire sauter des gonds et à risquer dix années de travaux forcés pour vol nocturne suivi d'effraction. Il est vrai qu'il n'avait volé autre chose qu'un débris de pâté et quelques bouteilles de vin, mais la justice, qui est si clairvoyante, dame! aurait bien su trouver une tête de clou dans sa poche ou un lambeau de tenture accroché au talon de ses bottes : — preuve de vol! — Elle eût même établi, au besoin, que s'il avait laissé l'argenterie et les bijoux dans leurs coffres respectifs, c'est qu'il les avait pris pour du Ruotz et du strass, preuve d'intelligence nuisible, voleur raffiné!

Mais du diable si Pornic songeait à tous ces périls; nenni point, ma foi! Pornic avait fait trêve un moment aux préoccupations que lui donnaient les papiers introuvables pour se poser la question suivante :

— Pourquoi donc que ce moricaud de nègre, qui m'a flanqué dans une vieille malle, a si grande envie que je tue sa maîtresse?

Et à chaque verre de bordeaux qu'il lampait, mons Pornic répétait sa demande, sans que jamais son intelligence daignât l'honorer d'une réponse.

Ce que voyant, le digne Breton se dit :

— Tout ça, c'est des choses que je ne comprends pas, — comme qui dirait le latin de M. le recteur de Quimper ; je ne veux plus m'en casser la tête... mais où diable la petite dame a-t-elle mis les papiers? Voilà qui est vexant, passer un jour dans un coffre pour le roi de Prusse! Encore, si c'était pour l'autre... le petit... Bath ! ils n'en veulent plus les Français... Il n'y a que les Bretons qui l'aiment, au jour d'aujourd'hui...

Comme on le voit, l'esprit de maître Pornic touchait à tout, même aux grandes considérations politiques...

— Tiens ! s'écria-t-il tout-à-coup, suis-je niais au moins ! Puisque la petite dame est partie, elle les aura emportés, dà !

Et cette fois, convaincu d'avoir deviné

juste, Pornic en revint à son idée fixe : — Pourquoi le moricaud de nègre voulait-il faire assassiner sa maîtresse ?

Le pâté n'existait plus, il ne restait de la volaille qu'un détritus mesquin, les bouteilles étaient vides, — le sybarite Pornic tira sa pipe et poussa un juron effroyable, qui eût contraint la vieille Jeannon Maclou de se signer, si elle eût été de ce monde et à portée de l'entendre : — Pas de tabac ! s'écria-t-il.

Il se souvint alors de certaines cigarettes roses qu'il avait aperçues sur la cheminée du boudoir de madame de Willermez, et, quittant précipitamment l'office, il courut au deuxième étage, les trouva effectivement dans un charmant porte-cigare en bronze, sorti des mains de Barye, en approcha une de la bougie qu'il tenait à la main, aspira une bouffée colossale et la rejeta avec une grimace de satisfaction.

— Jarni-Dieu ! murmura-t-il, c'est pas pour dire, mais ça vous a un parfum...

Décidément, cette nuit-là, Pornic avait des velléités de pur épicurisme. La villa Willermez était pour lui une véritable Capoue.

Il posa son flambeau sur un guéridon, s'allongea voluptueusement sur une bergère en moquette et continua les cigarilles parfumées de la lionne parisienne; puis il en revint naturellement à son idée fixe. Mais, contre toute attente, soit que le tabac de la Havane dégageât peu à peu les brouillards de son cerveau, soit que la Providence eût enfin pitié de ses efforts d'imagination, il se prit soudain à sourire et se dit, le visage rayonnant :

— Tiens, parbleu ! je le sais maintenant, pourquoi le moricaud voulait me faire assassiner sa maîtresse. C'est simple comme la Sainte-Croix, jarni-Dieu ! la petite dame l'aura couché comme qui dirait sur son testament, et il est pressé d'hériter... Le chien ! faut avouer que les hommes c'est pas grand'chose de bon, ma foi ! Du moment qu'il s'agit d'un héritage, ils deviennent assassins. Plus souvent que je ferai mon testament, moi... pas si bête !

Pornic achevait du même coup ce beau raisonnement et sa quatrième cigarette. Alors, comme chez lui l'esprit était toujours en travail, il se souvint de ces quelques mots qu'il avait saisis au vol, tandis qu'il essayait d'entendre ce que disaient Bachelet, Karnieuc et le comte avec madame de Willermez, ces mots prononcés par Bachelet :

— J'ai le père sous la main... et soyez tranquille !

— Quel père ? se demanda Pornic, le père de qui ? — Tiens ! mais, parbleu ! le père du petit, du fils de Kerbrie, donc ! le chevalier... est-ce qu'il ne serait pas mort encore ? C'est vrai tout d'même que le vieux Jean, qu'est un peu socier, dame! nous rabâche toujours qu'il vit... mais ça me paraît drôle pourtant que, puisqu'il vit, il ne vienne pas réclamer sa légitime. Faudra que je voie un peu... oh! faudra que je voie... « J'ai le père sous la main, » qu'a dit Bachelet, mais sous la main, ça veut dire qu'il demeure tout près de lui... dans la même maison, quoi! — Oh! fit soudain le gars, ce ne serait pas malin à trouver, et je me rappelle bien de la rue où je l'ai vu entrer, ce Normand d'enfer! alors, jarni-Dieu! si nous dénichons le père, il n'y a plus besoin du fils pour le quart d'heure... Kerbrie est sauvé!

Après cette superbe tirade, mons Pornic rejeta le bout de sa cigarette, en prit une autre et dit :

—Si je m'en allais... il ne faut pas abuser de la complaisance et de l'hospitalité des gens, c'est indiscret.

Il ouvrit la croisée et regarda l'heure aux étoiles. Il était minuit à peine.

— Bah! pensa-t-il, une heure et une cigarette de plus ou de moins, ça ne tire pas à conséquence. Il fait nuit comme dans un four et je ne sais pas les chemins. Et puis, faut faire les choses en conscience, je vas pour rassurer la mienne chercher encore un brin les papiers.

Il avisa, en un coin, un charmant pupitre de Boule qui avait échappé à sa première perquisition et dont la serrure était demeurée intacte.

— Voyons ça, dit-il en faisant sauter le couvercle d'un coup de genou.

Le pupitre renfermait quelques lettres auxquelles Pornic ne prit garde, puis un gros cahier chargé d'une écriture à jambages de six lignes, inégale parfois, mais très-lisible.

— Bon, dit Pornic, si je ne trouve pas un livre quelque part, un livre amusant, comme qui dirait *Télémaque*, que notre magister nous faisait apprendre par cœur à Kerbrie, je vas lire ça pour passer le temps.

Il posa le manuscrit sur le guéridon, à côté du flambeau, bouleversa quelques meubles et quelques armoires encore, puis revint s'étendre sur la bergère, attira à lui le guéridon et le porte-cigarettes, se fit un oreiller de tous les coussins qu'il trouva, jeta sans scrupule sur ses jambes que surprenait la fraîcheur de la nuit une robe de chambre encore tout imprégnée de l'odeur délicate de madame de Willermez, et il prit le cahier et lut.

Notes et Souvenirs

d'un

Fils maudit,

à son tour père infortuné et pleurant ses enfants.

— Tiens, se dit Pornic, ça commence aussi drôlement qu'une messe mortuaire.

« Je suis né, poursuivit-il en lisant, le 16 novembre 1764, au château de Kerbrie, dans le Finistère. »

— Hein? fit Pornic avec un soubresaut, qué tout ben que ça?.. Kerbrie?

C'était tout simplement le manuscrit que madame Willermez avait fait voler au père Aucher par Bouglais-Coquentin.

Pornic se remit à lire, mais il laissa éteindre sa cigarette, rejeta sans façon sa robe de chambre, quitta la pose nonchalante qu'il avait prise naguère, et s'accouda, la tête dans ses mains, pour prêter une attention plus grande au curieux document que le hasard plaçait sous ses yeux.

Le manuscrit

VIII.

Nous n'entreprendrons point de citer textuellement le volumineux manuscrit du père Aucher; cette tâche nous demanderait plus d'un volume, et, dans notre histoire, les événements qui se précipitent ne nous en laissent ni le temps ni l'espace. Nous allons nous contenter d'une rapide analyse :

Le chevalier de Kerbrie, né le 16 novembre 1764, après avoir servi dans les mousquetaires rouges, s'embarqua pour l'Amérique, fit la guerre de l'Indépendance, revint siéger à la Constinuante sur les bancs de la Gironde, tomba avec elle et reprit le chemin de son vieux manoir, et trouva sur le seuil sa mère vêtue de noir qui le chassa et le maudit.

C'était un soir d'automne, la première neige était tombée, l'air était froid, le ciel gris et terne : — il y avait comme un voile de deuil jeté sur la nature, et cette tristesse universelle acheva de briser le cœur du chevalier.

Il s'en allait, à pied, à l'aventure, tête nue et cheminant dans les sentiers défoncés, s'arrêtant parfois pour regarder en arrière et dire un adieu éternel sans doute aux vieilles tours de Kerbrie; et, à mesure qu'elles s'effaçaient et n'avaient plus qu'une forme indécise dans le brouillard de l'horizon, son désespoir augmentait et de grosses larmes poignantes et silencieuses roulaient sur ses joues.

La nuit vint, il se trouva devant la porte d'une ferme.

Cette ferme était du domaine de Kerbrie.

Le chevalier s'arrêta sur le seuil, hésitant à frapper : des lumières brillaient aux fentes des volets, des voix graves et mélancoliques se faisaient entendre au-dedans, disant les prières des morts...

La neige qui recommençait à tomber, le froid qui devenait plus intense, coupèrent court à l'incertitude inquiète de Georges de Kerbrie : il frappa... on vint ouvrir.

C'était le fermier lui-même, — un beau vieillard à la tête austère, à l'œil calme, vigoureux, malgré son âge, et qui, au milieu de cette assemblée de valets de ferme, de bergers, de bouviers, parmi ces hommes mûrs, ces jeunes gens, ces enfants et ces femmes, réalisait le type le plus parfait du patriarche des Écritures.

A la vue du chevalier, il recula de stupeur ; puis il le salua respectueusement et sans mot dire et lui fit signe d'entrer.

Comme lui, la famille entière et les valets du fermier se levèrent avec le même respect et, silencieux, s'écartèrent du feu pour que le maître y prît place.

Georges de Kerbrie entra, regarda tout d'un air hébété et alla s'asseoir sur un grand escabeau au coin de l'âtre.

— Femme, dit le fermier, sers à souper à monsieur le chevalier.

La femme dressa une table et mit un couvert en silence. Georges promena alors un œil interrogateur sur tous ces visages mornes et froids et frissonna malgré lui...

Il était parmi eux, lui, le fils de Kerbrie, lui qu'autrefois on couvrait de bénédictions et de caresses quand il venait chez ses fermiers vêtu de son galant uniforme de mousquetaire ; — il était parmi eux, ils le voyaient après de longues années, et pas une une main ne se tendait vers lui, pas une larme de joie ne brillait sous les paupières, pas un cri d'amour n'échappait à la femme du fermier qui avait été sa nourrice.

Le vieux Pelao, c'était le père de ce Jean Pelao que nos lecteurs connaissent, le vieux Pelao, qui jadis appelait Georges son enfant et le tutoyait, avait dit sèchement : « Monsieur le chevalier, » et Jean, lui-même, Jean son frère de lait, au lieu de venir se jeter dans ses bras, avait salué jusqu'à terre sans faire un pas.

— Pelao, dit le chevalier amèrement, pourquoi me reçois-tu ainsi ?

— Monseigneur, répondit le fermier

avec une humilité froide, les temps sont durs, les Bleus nous ont tout pris et votre repas sera frugal, — mais cependant nous vous donnerons ce que nous avons de meilleur, et nous vous payerons régulièrement nos redevances, nous sommes honnêtes...

Ces mots frappèrent le chevalier au cœur.

— Pourquoi, dit-il, ne m'as-tu point tendu la main ?

— Parce que, monseigneur, je suis un paysan et vous un gentilhomme.

Et, avant que le chevalier eût le temps de répondre, le vieux Pelao se tourna vers les siens :

— Continuons les prières des morts, dit-il ; il nous faut prier pour le repos des âmes du roi Louis XVI et de notre seigneur et maître, M. le baron de Kerbrie, tué pour la bonne cause.

Et le fermier jeta un regard de douloureux reproche et presque de dédain au membre de la Constituante.

Le chevalier n'y tint plus; il se leva précipitamment et s'enfuit, la tête dans ses mains, étouffant un rauque sanglot.

La nuit était sombre, la neige tombait par flocons, et dans les chaumières environnantes on priait Dieu pour les voyageurs et les soldats du roi qui battaient la campagne..

La tête perdue, les tempes baignées d'une sueur fiévreuse, le cœur broyé d'émotions, Georges de Kerbrie se jeta à travers champ et courut pendant plus d'une heure comme un insensé, ne sachant où il allait.

Tout-à-coup, au milieu des ténèbres, un *qui-vive!* retentit.

— Ami, répondit-il machinalement.
— Qui êtes-vous?
— Kerbrie.

Il était près d'un campement de chouans

qui s'étaient établis pour passer la nuit au milieu d'un de ces petits bouquets de chênes et de genèvriers qui sont éparpillés sur la terre bretonne.

— Avance à l'ordre, répondit la sentinelle d'une voix dure.

En quelques secondes le chevalier fut entouré par une vingtaine de paysans bien armés qui se pressèrent autour de lui en murmurant de sombres paroles.

— Que me voulez-vous? demanda-t-il en reprenant un sang-froid que pouvait seule lui rendre l'imminence du danger.

— Kerbrie... Kerbrie... continuaient à murmurer les chouans, c'est un bleu, celui-là.

Et il y eut plus d'un poignard qui sortit de sa gaîne, et plus d'un fusil qu'on arma sourdement.

— Arrière! cria soudain une voix impérieuse et brève au son de laquelle les chouans s'écartèrent aussitôt avec respect.

Un homme de haute taille, portant une plume blanche à son chapeau, s'avança au milieu d'eux :

— Qu'est-ce ? demanda-t-il.

— C'est le chevalier de Kerbrie, répondit un paysan qu'à sa voix Georges reconnut pour un des fermiers de sa famille.

— Kerbrie ? fit le chef d'un air sombre.

— Oui, dit froidement le chevalier.

— Le chevalier Georges de Kerbrie, représentant du peuple à l'Assemblée constituante ?

— Oui, monsieur.

— Ex-guidon aux mousquetaires rouges ? continua le chef d'un ton ironique.

— Eh bien ! dit le chevalier, que me voulez-vous ?

— Rien, fit durement le chouan.

Puis, se tournant vers ses hommes :

— Laissez passer, dit-il, le chevalier Georges de Kerbrie.

— Monsieur, ajouta-t-il, vous ne pouvez voir mon visage, car il fait sombre, mais vous devez reconnaître ma voix ; j'ai servi avec vous aux mousquetaires, et je me nomme Pierre de Kerdrel.

Le chevalier se tut.

— Votre père est mort dans mes bras, poursuivit le chouan, et je dois à sa mémoire de sauvegarder la vie de son fils. Passez !

— Si c'est votre devoir, faites-moi fusiller, dit fièrement le chevalier, je ne crains pas la mort.

— Passez ! répéta le chouan avec dédain.

Georges continua sa course inquiète. Au jour il atteignit la lisière d'un petit bois. Un village incendié fumait encore, et, sur les décombres, foulant le tapis de neige qui couvrait la terre, quelques vieillards et quelques femmes entouraient, agenouillés, un pan de mur converti en autel et sur lequel un vieux prêtre disait la messe.

Georges s'approcha d'eux : un enfant le reconnut et dit :

— Voilà le chevalier de Kerbrie qui a trahi le roi.

Le prêtre interrompit le service divin, et, se tournant vers la foule :

— Le roi a pardonné à ses bourreaux, priez Dieu de leur pardonner à son tour.

— Le roi, toujours le roi ! murmura le chevalier ; la cause que j'ai servie, la cause du peuple n'est donc pas une cause sainte ?

— Oui, répondit une voix calme et forte, mais quand on a mangé le pain du roi, il faut mourir pour lui. Le peuple qui est roi, lui aussi, ne veut pas de traîtres dans ses rangs.

Georges de Kerbrie tourna la tête et aperçut un soldat de l'armée de Marceau, qui, garrotté et prisonnier, était tranquillement couché à terre.

Ce soldat était Breton. Ce fut le dernier coup porté à la raison du chevalier. Il comprit bien vite qu'il n'y avait pas à lutter contre ces instincts implacables et sublimes dans leur aveugle dévouement. Il s'enfuit comme une bête fauve traquée par des chasseurs.

Dans la soirée, il arriva à Brest. Un navire était en partance pour les Indes, il prit passage à son bord, et le lendemain, au dérapage, tandis que la terre fuyait à à l'horizon, il joignit les mains et s'écria :

— France, famille, tout ce que j'ai aimé... adieu... je suis maudit !

Cinq mois après, M. le chevalier Georges de Kerbrie débarquait aux Indes-Orientales.

A cette époque, tandis que la révolution française bouleversait l'Europe, l'Angleterre établissait vol par vol, crime par crime, forfait par forfait, sa honteuse domination dans l'Inde.

Le chevalier de Kerbrie avait deux puissants motifs de haine pour cette nation : il avait combattu contre elle en Amérique, — il était Breton, c'est-à-dire enfant de cette terre où la guerre de cent ans a laissé des traces profondes de son règne dévastateur et voué le nom anglais à une patriotique exécration.

Le chevalier, qui avait besoin d'une vie agitée et fiévreuse pour s'étourdir sur les douleurs profondes de son âme et apaiser ses remords, alla mettre son épée au service d'un monarque indien, qui défendait bravement et pied à pied le territoire et l'indépendance de son peuple; sa haute valeur, ses connaissances stratégiques, ce mépris de la vie dont les nations à demi barbares font un si grand cas, valurent au gentilhomme français l'estime et la considération du roi bronzé qui lui confia le commandement de ses troupes.

La lutte, — lutte inégale où la force

triomphait du droit, — fut acharnée et longue : elle dura dix ans. Un jour, le monarque indien ne se trouva plus environné que de quelques centaines de soldats, et, dans une dernière bataille, il se fit tuer noblement et, atteint de dix-sept balles, tomba enveloppé dans les plis de son étendard. Avec lui s'éteignait la nationalité de son peuple.

Le chevalier avait vécu dix années parmi ces hommes, il s'était identifié à leur vie, il avait compris la sainteté de leur cause, et, champion éternel de la liberté, le soldat de Washington, le représentant de la Constituante avait brisé son épée sur son genou le jour où l'Inde s'affaissa sous le pied vainqueur de l'Angleterre, — comme Bem, de vaillante mémoire, brisa la sienne naguère, lorsque la Hongrie expira sous le bâton brutal de l'Autriche.

Fait prisonnier par les Anglais, il parvint à s'échapper et gagna les possessions françaises. A Calcutta, il entra comme simple commis dans une maison de commerce. Il avait alors trente-huit ans.

Cet homme, ardent et infatigable, qui usait la vie pour étouffer ses souvenirs, qui redoutait plus qu'un péril immense une heure d'isolement avec lui-même, s'adonna à sa nouvelle carrière avec un zèle furieux. Il travailla pour travailler, — pour tuer le temps ; et il fut étonné plus que tout autre, quand, devenu successivement gérant et associé du comptoir où d'abord il était entré commis, — il se trouva à la tête d'une fortune considérable.

Alors un rayon de bonheur vint lui sourire.

Il s'aperçut qu'à quarante ans et plus, il avait encore le cœur vierge d'amour : une jeune fille, pauvre et belle, se trouva sur sa route, il l'aima et lui donna son nom. Il acheta une plantation aux environs de Chandernagor et s'y établit avec sa jeune femme.

Deux enfants, une fille et un fils, qui se succédèrent à la distance d'une année, vinrent relier les liens puissants déjà de cette union; et rendu à la vie active, le chevalier en quittant le comptoir, ne pouvant plus faire la guerre aux hommes, la fit aux bêtes fauves : il devint un chasseur terrible.

Presque chaque jour, il traquait le tigre et la panthère dans ces grandes et mystérieuses forêts indiennes que Méry, ce poète des femmes et des contrées baisées par le soleil, peuple à plaisir d'étrangleurs fanatiques et de frêles comtesses passant toute une nuit à quatre pas d'un tigre dont l'haleine brûlante vint hérisser leurs cheveux.

Et cependant, les joies de la famille, la fortune qu'il avait acquise, la considération universelle dont il jouissait, les émotions grandioses de la vie de chasseur, ne pouvaient dissiper une sombre mélancolie éternellement répandue sur son visage.

Un remords, une pensée terrible poursuivait et ployait cet homme, qui déjà dépassait l'âge mûr : c'était cette double malédiction qui pesait sur lui, — celle de son père, tué pour le roi, dont lui avait été l'un des juges, celle de cette mère inflexible dans ses principes, qui avait fermé son cœur à l'amour maternel et condamné ses vieux jours à la solitude pour venger la tache faite à la loyauté de son nom.

Sa mère, en grand deuil, — son père qu'il se représentait avec ses cheveux blancs ensanglantés, tombant au cri de : *Vive le roi!* — ces deux fantômes présidaient à tous ses rêves, remplissaient ses moindres hallucinations et empoisonnaient les caresses de l'ange et des deux chérubins qui cheminaient côte à côte avec lui dans la vie.

Et puis, — ne riez pas, vous tous que le scepticisme indifférent du dix-neuvième siècle a envahis et pour qui le mot de patrie n'a plus de signification, — à cette époque encore, le nom de France avait quelque chose de retentissant et de sonore, qui faisait vibrer le cœur et mouiller les paupières d'une larme généreuse. Le chevalier aimait la France, il l'aimait saintement, noblement, comme un gentilhomme qui se rattache à l'aristocratie par le passé, au peuple par le présent et ses opinions, doit l'aimer. Il avait encore assez de préjugés, — on appelle ces choses-là des préjugés, — il avait encore assez de préjugés, disons-nous, pour être prêt à verser son sang pour elle, si elle demandait son sang.

De loin, à travers l'espace, à travers les solitudes sans bornes de l'Océan, sa pensée volait rapide aux grèves de l'Armorique; il dévorait les gazettes et les papiers publics qui arrivaient à divers intervalles; il pleurait de joie quand il apprenait que la victoire avait posé un fleuron de plus à la couronne de fer de cet homme étrange qui avait pris la France dans ses bras et avait dit au monde étonné, en la brandissant comme un glaive :

— Voilà l'arbitre de tes destinées, son épée et ses destinées te domineront tour à tour.

Sans la malédiction maternelle, il fût reparti pour la France, mais cette malédiction ressemblait pour lui à l'ange que Dieu plaça, un glaive de feu à la main, aux portes du paradis, et qui lui en défendait l'entrée.

Pourtant, un jour, en voyant ces trois êtres bénis, cette mère sainte, ces deux enfants aux petites mains caressantes, le chevalier se dit :

— Ils intercèderaient pour moi.

Et alors, il vendit sa plantation, réalisa sa fortune en numéraire et s'embarqua pour la France, emmenant sa famille et emportant un baril d'or.

Nos lecteurs le savent, le navire fit naufrage : le chevalier épuisé, croyant mourir, déposa son fils dans un tonneau défoncé et recommanda son âme à Dieu. Dieu lui fit grâce et permit que, sans trop savoir comment, il se trouvât, au jour, cramponné à une planche et jeté sur la côte d'Afrique. Le navire avait sombré, le baril d'or était allé rejoindre les richesses qu'entase dans son sein l'avare Océan, tout avait péri sans nul doute...

Le chevalier n'avait sauvé que ses titres qui pendaient à son cou dans un étui de fer-blanc, et quelques louis qu'il avait dans une ceinture de cuir.

Il traversa pieds nus et mourant de faim une partie de l'Afrique, arriva au Sénégal et y apprit que les passagers et l'équipage de son navire avaient péri corps et biens.

Il s'embarqua de nouveau, arriva à Brest, demanda si la baronne de Kerbrie vivait encore, et lorsqu'un paysan lui eut dit sans le reconnaître :

— Il y a six mois qu'elle est morte, il s'écria :

— Je suis maudit à jamais et, puisque je n'ai plus ni famille ni postérité, puisque ma mère s'est éteinte dans la solitude, — je veux vivre et mourir comme elle, je serai pauvre et mon travail seul me nourrira jusqu'au jour où Dieu, me pardonnant, m'appellera à lui.

Et c'était pour cela que M. le chevalier Georges de Kerbrie portait le nom de père Aucher, logeait dans un pauvre hôtel garni et, depuis vingt ans, vieillard septuagénaire, gagnait huit cents francs à grossoyer du papier timbré chez un homme d'affaires et vivait de cette somme misérable...

———

C'était là que finissait le manuscrit trouvé par Dornic.

Les cigarettes roses de madame de Willermez n'existaient plus, la flamme de la bougie atteignait la bobèche de cristal, — les premières lueurs de l'aube glissaient au-dessus des grands arbres du parc, et, rester plus longtemps, c'était courir un danger réel.

Pornic mit le manuscrit dans sa poche, se leva et dit :

— Filons! faut que je retrouve M. le chevalier; et, jarni-Dieu! je le retrouverai!

La barre de fer.

IX.

— Filons, se dit Pornic.

Comme il était homme de précaution, il prit, en outre de son couteau, la barre de fer du foyer dont il s'était fait une arme la nuit précédente, la jeta crânement sur son épaule et quitta la chambre à coucher de madame de Willermez.

Le gars avait la mémoire des lieux excellente, il traversa sans hésitation les pièces qu'il avait parcourues déjà et, à la vue de ce magnifique pêle-mêle de portes brisées, de serrures forcées, de meubles fracturés, — son ouvrage de la nuit, — il lui vint une facétie aux lèvres :

— C'est-y dommage, fit-il, que je n'aie pas un serrurier parmi mes amis et connaissances, je l'enverrais à la petite dame, et ça ferait drôlement son compte, car il y a, par ici, de l'ouvrage pour un mois. C'est ça qui fait aller le commerce.

Quand il fut à la porte d'entrée, il s'aperçut qu'elle était solidement fermée et il pensa que la briser serait faire trop de bruit et appeler l'attention du jardinier qu'il avait vu rôder à l'entour de la villa, la veille à la brune.

Il entra dans la salle à manger, dont les

fenêtres donnaient sur le parc et se trouvaient à peu de distance du sol, poussa les volets avec précaution et se laissa glisser doucement à terre.

Mais si mons Pornic était entré en despote dans la villa, tenant la corde au cou à la maîtresse de la maison, il devait en sortir d'une façon moins homérique, et, lorsqu'il fut dans le parc, il s'aperçut qu'il avait autour de lui des murs de vingt pieds d'élévation qui n'étaient rien moins que commodes à escalader, et devant lui une bonne et solide grille dont les énormes barreaux seraient à coup sûr moins complaisants que les serrures des meubles de boule et de palissandre. Pornic se gratta l'oreille par trois fois... C'était son habitude quand il était embarrassé.

Il fit le tour du parc, arriva sur la pointe du pied à la maison du garde, sorte de petit pavillon à un étage tapissé de vigne et de lierre, et s'aperçut avec joie qu'il était adossé au mur d'enceinte et que, de son toit, on pouvait grimper facilement par-dessus.

La difficulté était de monter sur le toit. Pornic avisa les souches de chasselas, appliquées au mur en espaliers et fixées par des crampons de fer...

— Bon! dit-il, voilà mon échelle toute trouvée.

Le pavillon était silencieux, — le jardinier dormait sans doute encore.

Le gars, sans lâcher toutefois sa trique de fer, embrassa l'espalier, grimpa avec précaution et finit par appuyer ses deux bras sur le revers du toit. Malheureusement, à ce moment suprême, son pied, cherchant un appui, heurta les carreaux d'une fenêtre, la vitre se brisa avec fracas, et soudain, avant que Pornic, établi sur le toit, eût eu le temps d'enjamber le mur, un homme se précipita hors de la maison un fusil à la main et l'ajusta.

Pornic baissa la tête, le coup partit, et, au lieu de l'atteindre au front, la balle vint lui labourer le flanc, lui arracha un cri de douleur. — Touché! s'écria le jardinier.

Mais il achevait à peine que Pornic, déjà à califourchon sur le mur, et rendu furieux par le sang qu'il voyait rougir ses vêtements, brandit sa barre de fer, lui fit décrire un effrayant moulinet et la lança dans l'espace...

La trique traversa l'air en sifflant et vint frapper en plein visage le jardinier qui tomba foudroyé.

— Attrape! murmura Pornic en se laissant couler dans le fossé qui bordait le mur d'enceinte.

La blessure était légère, mais le gars perdait beaucoup de sang, et il eut bien de la peine à gagner la berge de la Seine en un lieu désert, où il se cacha dans une touffe de saules. Alors il ôta sa veste, déchira sa chemise par lambeaux, banda la plaie après l'avoir lavée, et, épuisé, s'évanouit sur l'herbe.

Quand il revint à lui, il était grand jour. Le malheureux souffrait horriblement et était brûlé d'une soif terrible. Il se traîna jusqu'à la rivière, qui coulait à deux pas, but à longs traits et se trouva soulagé presque sur-le-champ.

— Mon Dieu ! murmura-t-il en essayant de se lever, il faut pourtant que je retourne à Paris ; c'est aujourd'hui jeudi, et si je ne vois pas mon brigadier, il me faudra attendre jusqu'à dimanche.

En effet, les détenus de Sainte-Pélagie ne peuvent communiquer avec leurs parents et leurs amis que deux fois par semaine, le jeudi et le dimanche.

Et Pornic se leva et essaya de marcher, mais un nuage de sang passa sur ses yeux, il eut le vertige et retomba sur l'herbe.

La douleur physique décuplée par l'angoisse morale donna le délire au pauvre blessé; il divagua pendant plusieurs heures sous la retraite de verdure qu'il s'était choisie; et, bonheur étrange, les débardeurs qui remontaient la Seine, les pêcheurs échelonnés sur la chaussée passèrent sans l'apercevoir et sans se douter même de sa présence en ce lieu.

C'était une chaude journée, le soleil avait des rayons d'airain, et l'atmosphère étouffante, malgré l'ombre qui le protégeait, acheva d'accabler Pornic.

Heureusement, vers le soir, un peu de brise souffla sur le fleuve et courba la cime des saules : soit que la fraîcheur lui apportât quelque soulagement, soit que les heures qui s'étaient écoulées eussent diminué le poignant de la douleur, Pornic se trouva moins faible à l'approche de la nuit et s'essaya à marcher avec quelque succès. Il n'avait cessé, durant la journée, de laver la plaie d'heure en heure, et de remplacer les bandelettes sanglantes par de nouveaux lambeaux arrachés à sa chemise.

Quand la nuit fut venue il quitta la berge et, quoique chancelant, il arriva à un petit cabaret isolé sur la chaussée de Bougival, où il demanda un morceau de pain et de l'eau-de-vie.

Le cordial réussit à lui donner une force factice, et il se remit bravement en route. Le chemin de fer de Paris à Saint-Germain venait d'être inauguré et fonctionnait depuis quelques mois. Pornic se traîna jusqu'à la station de Rueil.

— J'arriverai, murmura-t-il.

Au débarcadère, il trouva une rangée de voitures, s'installa dans l'une d'elles et se fit conduire chez lui, boulevard des Filles-du-Calvaire.

Le vieux Jean Pelao avait quelques connaissances en chirurgie ; il visita la blessure, constata qu'aucune région importante n'avait été lésée, et posa sur la plaie un appareil enduit de ce baume d'esprit de vin et de lis infusé qui avait produit un si merveilleux effet sur Pluton.

— Père Jean, demanda Pornic, pourrai-je marcher demain ?

— Pas trop, mon gars.

— Alors, je prendrai une voiture.

— Pourquoi faire ?

— Pour retrouver le fils de madame la baronne.

— Quel fils ? demanda le vieillard qui avait de fréquentes absences.

— M. le chevalier de Kerbrie, donc !

— Mais soudain, et comme si ce nom de Kerbrie eût possédé une propriété magique, le vieux Pelao poussa un soupir étouffé, se renversa sur son siége, ferma les yeux et prononça quelques mots incohérents.

— Bon ! pensa Pornic, le voilà qui va

entrer dans tous ses états, faut que j'écoute...

Et il s'accouda sur son oreiller, car il s'était couché dans le lit de Bernard, et s'apprêta à écouter de son mieux les divagations du vieillard,—espérant surprendre quelque précieuse révélation qui le mettrait sur la voie qu'il cherchait avec acharnement.

Mais l'attente du gars fut trompée, le vieux Pelao ne prononça que des mots incohérents et sans aucune suite, — persistant cependant dans son idée fixe qu'il traduisait toujours ainsi :

— Je le vois! je le vois!

— Ca ne me dit pas où il est, murmurait Pornic, mais c'est égal... s'il vit, je le trouverai! Et dame! puisque Bachelet a dit... Enfin, suffit!

Le gars finit par s'endormir; mais le lendemain, dès la pointe du jour, il était sur pied, et, suivi de Pluton, il se dirigea vers la petite rue du Bac, où madame Théophraste Carnaud avait sa maison meublée.

Il se posta chez un marchand de vins dont la boutique était presque en face de l'hôtel, et se plaça à côté de la porte de manière à voir entrer et sortir les hôtes de la maison meublée.

Il y était à peine depuis une heure que maître Bachelet parut, vêtu de son habit barbeau et de son pantalon de nankin, jeta un regard investigateur autour de lui, puis se dirigea vers la rue de Sèvres.

Pornic, du seuil de la boutique, le suivit des yeux ; puis, lorsqu'il l'eut vu disparaître, il se rassit tranquillement, attendit quelques minutes et enfin alla droit à l'hôtel et entra.

Mame Théo n'était point levée encore, et c'était une servante qui tenait le bureau.

— Est-ce ici que demeure M. Bachelet?

demanda Pornic en prenant son air le plus niais.

— Oui, répondit la servante, mais il vient de sortir.

— Tardera-t-il à rentrer?

— Je ne sais pas.

— Si vous voulez bien le permettre, fit-il en avisant le petit jardin, je vas m'asseoir là et l'attendre.

— Attendez, dit la servante d'un air de mauvaise humeur.

— Puisque Bachelet demeure ici et qu'il a le père *sous la main*, faut que le père y demeure aussi, murmura Pornic entre ses dents, et faut que je voie le père.

Il achevait à peine qu'un grand vieillard traversa le jardin, appuyé sur une canne et vint passer devant Pornic, qui le considéra avec attention et tressaillit soudain.

— Oh! fit-il involontairement et tout

bas, c'est le portrait vivant de madame la baronne.

Le vieillard déposa sa clé au râtelier du bureau et sortit.

Pornic tourna le dos à la servante et suivit le vieillard.

A peine dans la rue, il se rangea sur le même trottoir, le suivit pas à pas et finit par fredonner un refrain breton...

A ce refrain, le vieillard se retourna assez vivement et regarda Pornic qui continuait son chemin.

— Oh! pensa Pornic, je crois bien que c'est lui... voyons encore...

Et du refrain il passa à la fameuse légende du duc Arthur.

Cette fois, le vieillard s'arrêta :

— Mon ami, dit-il à Pornic, est-ce que vous êtes Breton ?

— Oui, monsieur.

— Où êtes-vous né ?

— A Kerbrie, fit Pornic qui avait compté sur l'effet de ce nom.

— A Kerbrie! s'écria le vieillard en tressaillant, vous êtes né à Kerbrie?

— Tiens, dit Pornic, pourquoi pas?

— C'est bien au château de Kerbrie, n'est-ce pas? à quelques lieues de Quimper? continua le vieillard d'une voix qui tremblait d'émotion.

— Au château de Kerbrie, à trois lieues de Quimper et sur les falaises, répéta Pornic en scrutant le visage décomposé de son interlocuteur.

— Et... fit ce dernier timidement, avez-vous habité le château?

— Pardine!

— Longtemps?

— Dame! réfléchit Pornic, quand madame la baronne est morte, j'avais vingt ans.

— Madame la baronne... exclama le vieillard avec des larmes dans la voix...

vous vous en souvenez, n'est-ce pas?...

— Je la vois encore.

— Était-elle bien vieille... quand elle est morte?...

— Elle avait quasiment cent ans, à ce qu'on dit...

— Et ses enfants? poursuivit-il, de plus en plus troublé et hors de lui...

— Elle n'avait qu'un fils...

— Et qu'est-il devenu?

— Il est mort, dit Pornic en dévorant du regard ce visage parcheminé et suivant avec une anxiété déguisée les progrès de l'angoisse qui s'y peignait graduellement.

— Vous croyez? fit le vieillard.

— Dame! on le dit...

— Et madame la baronne le croyait-elle?...

— Oh! pour ça, non...

— Dites-vous vrai?

— Et même qu'elle l'attendait...

— Elle l'attendait! elle l'attendait!

murmura le pauvre homme en joignant les mains, tandis qu'un frisson de joie travervait sa gorge et modifiait l'accent de sa voix.

— Oui, dit le gars sans perdre son ton d'indifférence, mais faut croire qu'il était bien mort pourtant... car il n'est pas revenu.

— Il n'était pas mort cependant...

— Est-ce que vous le connaissiez ? demanda Pornic, prêt à tomber en pleine rue aux genoux de son vieux maître.

Mais à cette question directe, le front du vieillard se rembrunit, il écarta Pornic de la main et lui dit brusquement :

— Non, je ne le connaissais pas... j'en avais entendu parler.

Et tandis qu'attéré par cette réponse, Pornic tournait et retournait sa casquette dans ses mains, le père Aucher, car c'était lui, au lieu de continuer sa route, reprit le chemin de l'hôtel et y rentra.

—Jarni-Dieu, s'écria Pornic revenu de

sa stupeur, c'est lui, c'est bien lui ! maintenant Kerbrie est sauvé, le nom ne s'éteindra pas.

Et il s'élança à la poursuite du père Aucher et s'apprêtait à entrer dans l'hôtel quand, à l'autre extrémité de la rue, il vit poindre soudain le pantalon nankin et l'habit bleu barbeau du Bas-Normand.

— Bachelet ! murmura-t-il en tournant brusquement le dos, s'il me voit et qu'il se doute...

Pornic n'acheva pas et s'enfuit à toutes jambes jusque dans la rue du Cherche-Midi.

Là, il remit un peu d'ordre dans ses idées et dans sa toilette, et se dit :

— Il ne faut rien gâter pour aller trop vite, et mieux vaut consulter M. Bernard... Ah ! mille tonnerres ! et moi qui ne songeais plus à mon colonel pour le faire sortir. C'est le bon moyen, j'y vas.

Pornic courut à la Chambre des députés et, s'adressant à un huissier, demanda l'adresse du général de Rempès.

— Rue Vanneau, 19, lui fut-il répondu, mais il n'y pas.

— Et où est-il?

— A la campagne depuis un mois.

— Bon! dit Pornic, j'irai le trouver au bout du monde, il faut que M. Bernard sorte de prison.

Et de la Chambre le gars se rendit à la rue Vanneau.

— Que voulez-vous? lui dit le suisse.

— Je veux savoir où est le colonel... le général, je veux dire.

— Il est ici.

— Ici?.. fit Pornic joyeux.

— Depuis hier soir.

— Et... peut-on le voir?

— C'est selon. De la part de qui venez-vous?

— Pardine... de la mienne.

— Je ne crois pas que le général veuille vous recevoir.

— Allez, mon brave, fit le gars avec aplomb, le général ne ferme pas sa porte à un soldat du deuxième spahis.

— Jamais, sacrebleu ! s'écria une voix sonore et joviale. Monte, mon fils.

C'était le général qui, de la fenêtre de son cabinet, avait entendu le colloque du suisse et de Pornic.

— Hurrah ! fit celui-ci bondissant de joie, mon brigadier sortira !

Le général.

X.

L'ex-colonel des spahis, M. de Rempès, devenu général et député, était bien l'homme le plus excentrique et le plus aventureux qu'il se pût trouver.

On citait de lui vingt traits d'originalité

rare. C'était surtout pour lui que le mot *impossible* n'était pas français. Il ne savait pas ce qu'était un obstacle ; quand il en heurtait un sur sa route, il sautait à pieds joints par-dessus sans daigner auparavant l'examiner. M. de Rempès avait eu l'existence la plus bizarre du monde : — Avant d'être militaire, — et c'était à l'origine de la Restauration,— il avait joué à merveille le rôle difficile d'homme à la mode. Le luxe de ses maîtresses avait écrasé les femmes blasonnées du faubourg Saint-Germain, — ses chevaux remportaient tous les prix, on s'était disputé les laquais qu'il chassait, et il avait *lancé* une douzaine d'actrices qui devinrent célèbres, grâce à lui.

Puis, un jour, fatigué de cette laborieuse oisiveté, il était allé servir en Afrique comme volontaire. Les balles arabes et le soleil de l'Atlas aidant, il était devenu colonel d'un régiment de spahis, au bout de quelques années.

C'était surtout en Afrique que ses idées chevaleresques et pleines d'audace s'étaient trouvées à l'aise. Une nuit il avait surpris un campement de Kabyles, avec quatre soldats, et s'en était rendu maître; un jour il s'était battu avec une hyène à coups de couteau, et l'avait tuée après une demi-heure de lutte. Ses soldats prétendaient qu'ils le suivraient de confiance au bout du monde et même plus loin.

À trente-huit ans il était général et rappelé en France. Les électeurs d'un département de l'Ouest lui confièrent le mandat de député, il alla siéger sur les bancs de la droite et se brouilla bientôt avec le ministère, dont il avait à se plaindre.

M. de Rempès était dans cette position vis-à-vis du gouvernement lorsque Pornic se présenta à lui.

— Que veux-tu ? lui dit-il brusquement, tandis que le gars tortillait sa casquette d'une main et gardait l'autre à la hauteur de son front en guise de salut militaire.

— Mon colonel, dit Pornic...

— Imbécille ! dit jovialement M. de Rempès, tu ne sais donc pas que je suis général !

— Pardon excuse, balbutia Pornic, mais l'habitude... vous comprenez, mon général...

— Après? Que te faut-il? De l'argent... en voilà.

Et le général ouvrit un tiroir...

— Non, dit Pornic, j'en ai...

— Tant mieux. Eh bien ! que veux-tu ?

— Je viens de la part de Bernard Pelao...

— Ah !

— Il m'a dit comme ça qu'il avait quelque chose à vous dire...

— Eh bien ! qu'il vienne...

— C'est que... mon général, murmura

Pornic en rougissant, il est en prison...

— En prison, Bernard?

— Oui, mon général.

— Et qu'a-t-il fait?

— Rien, dit fièrement Pornic.

— J'en étais sûr, fit simplement le général. Et il veut me parler?

— Oui, mon général.

Sans ajouter un mot, M. de Rempès demanda sa voiture, et se fit conduire à la Conciergerie.

— Ah çà, dit-il à Bernard, de quoi t'accuse-t-on?

— Je suis condamné, mon général.

— Et à quoi?

— A quinze jours de prison.

— Pourquoi?

— Pour avoir porté mon uniforme étant rentré dans la vie civile.

— Est-ce au bal masqué?

— Non, mon général.

— Alors, pourquoi l'as-tu mis?

— Dame ! fit Bernard, je vais vous conter ça tout de suite.

Et, en effet, le prisonnier, après s'être assuré qu'ils étaient bien seuls au guichet, raconta brièvement au général ses efforts pour retrouver le fils de Kerbrie, le peu de succès de ses démarches, l'accusation de vol portée contre lui, et enfin le besoin impérieux qu'il avait de sortir de prison avant le 15 septembre pour se trouver à l'ouverture du testament et en demander la remise s'il ne pouvait d'ici là retrouver Gaston.

— Et tu veux que je te fasse sortir ? demanda M. de Rempès.

— Oui, mon général.

— Morbleu ! s'écria celui-ci, tu sortiras, je te le promets.

Et, quittant Bernard et la prison de Sainte-Pélagie, le général se fit conduire au ministère de l'intérieur et, s'adressant au ministre lui-même, demanda la mise en liberté de Bernard.

— C'est impossible, lui répondit le ministre, il est condamné et, à moins d'être gracié par le roi...

— Parbleu! dit le général, je vais aller trouver le roi.

Le roi était à Eu depuis huit jours.

Le général prit des chevaux de poste et partit sur-le-champ.

Il fut reçu au château par un aide-de-camp, son ancien ami.

— Mon cher, lui dit l'aide-de-camp, je ne vous conseille nullement de vous adresser au roi. Sa Majesté est furieuse du dernier discours que vous avez prononcé à la Chambre contre le ministère.

— Mais enfin...

— Le roi vous refusera, j'en suis sûr.

Un frisson de colère s'empara du général :

— Morbleu! grommela-t-il, je suis

vraiment bien bon de compromettre ma dignité de député et de légitimiste pour un imbécille qui se fait fourrer en prison.

— Colonel, dit-il à l'aide-de-camp, vous avez raison ; j'ai eu grand tort d'essayer une pareille démarche et vous pouvez assurer le roi que je ne lui demanderai jamais rien... si ce n'est...

Le général hésita :

— Bah ! fit-il au bout d'un moment, il y a longtemps que j'aurais dû le faire... si ce n'est d'accepter ma démission de général de brigade.

— Quelle folie !

— Mon cher, je suis légitimiste, j'ai servi mon pays, mon pays n'a plus besoin de moi comme militaire, mais comme député. Je serai plus indépendant.

— Mais, pour Dieu, réfléchissez..

— C'est fait, le ministre recevra ma démission demain ; adieu.

Et M. de Rempès remonta en voiture

et reprit au galop la route de Paris.

— Ah çà, se dit-il, j'ai pourtant promis à ce niais de Bernard de le faire sortir... et il faut qu'il sorte. Voyons, comment ferai-je?

Le général se livra pendant quelques heures à une méditation laborieuse, fuma une douzaine de cigares, et, jetant le dernier à moitié consumé, il se dit en se frottant les mains :

— Ma foi, je l'aiderai à se sauver. Cela m'amusera. Et là-dessus il s'enfonça dans un coin de la berline, s'endormit et ne s'éveilla que le lendemain matin, au moment où le postillon arrêtait ses chevaux dans la cour de l'hôtel de Rempès.

Pornic attendait le général depuis la veille.

— Mon fils, lui dit-il en l'apercevant, va trouver Bernard et dis-lui que j'irai ce soir à Sainte-Pélagie.

Pornic ne se fit pas répéter. C'était le

dimanche et les prisonniers étaient visibles. Il raconta à son brigadier son odyssée infructueuse, sa blessure, et lui annonça l'arrivée du général.

Le général vint en effet.

— Tiens, dit-il, en lui glissant dans la main une lime imperceptible, tu vas scier un barreau à ta fenêtre. Voilà quarante francs, tu demanderas une chambre à la pistole...

— Mais vous ne pouvez donc pas me faire sortir ?

— Je te ferai évader. C'est la même chose.

— Suffit, mon colonel.

— Quand ton barreau sera scié, tu siffleras le matin de huit à neuf heures, comme les chouans... tu sais...

— Oui, mon colonel.

Le général s'en alla et attendit.

L'évasion.

XI.

Bernard passa trois nuits à scier son barreau. La lime était si petite !

Quand il eut fini, il fit le signal convenu et attendit patiemment.

Le général et Pornic entendirent, le 13

au matin, le coup de sifflet, et quelques heures après, M. de Rempès, à qui son grade et son titre de député ouvraient les grilles de Sainte-Pélagie tous les jours, se présenta au guichet.

Comme Bernard n'avait plus que quatre jours de détention à faire, on ne le surveillait pas beaucoup, et il allait et venait dans l'intérieur de la prison avec une grande liberté.

Le général s'adressa au greffe et demanda la permission de voir Bernard dans sa cellule, le greffier s'empressa de la lui accorder.

Un porte-clefs le conduisit, l'enferma et le laissa seul avec le détenu.

Alors le général déboutonna son paletot et tira de sa chemise une échelle de soie finement ourdie :

— Tiens, mon fils, dit-il à Bernard, elle est solide et m'a servi plus d'une fois, quand j'avais vingt ans. Tu la noueras solidement et tu attacheras une pierre que tu rouleras dans ton mouchoir à l'autre bout, afin de pouvoir la lancer par-dessus le mur d'enceinte.

— A quelle heure serez-vous là ? demanda Bernard.

— A dix heures et demie.

— Suffit, mon colonel, pardon, je voulais dire...

— Je le tiens pour dit. A ce soir.

Et le général s'en alla.

Le soir vint, puis la nuit. — Une belle nuit, ma foi ! une nuit sombre et sans étoiles ni lune, comme en rêvent les prisonniers qui n'attendent qu'une occasion un peu propice pour filer un brin de nœud au grand air.

Dans le faubourg Saint-Marceau, la ville du peuple, où le jour on travaille et où l'on dort la nuit, tout était paisible et calme ; — et la rue Copeau, qui longe la prison Sainte-Pélagie au nord, ne retentissait que du pas mesuré de la sentinelle qui se promenait gravement, rêvant à toute autre chose qu'aux prisonniers qu'elle gardait.

Tout-à-coup de larges gouttes de pluie fouettèrent les pavés, un orage allait éclater. Le factionnaire, qu'on venait de relever, se réfugia dans sa guérite, et, peu après, dans l'éloignement et la direction du Jardin-des-Plantes, le coup de sifflet particulier de la vieille chouannerie se fit entendre.

Aussitôt Bernard, qui veillait silencieux derrière la grille de la croisée, arracha le barreau scié qui ne tenait plus que par un faible ligament, noua solidement son échelle et la lança à tour de bras dans l'espace.

La pesanteur lui donnant de l'impulsion, la pierre, dont le mouchoir assourdit la chute, alla tomber au delà de l'enceinte de la prison, et presque aux pieds du général et de Pornic qui arrivait à pas de loup et rasant le mur.

La nuit était si noire que le général eut de la peine à trouver le peloton de soie, mais enfin il y parvint et tira à lui pour tendre l'échelle.

— Tiens, l'assommeur de bœufs, dit-il à Pornic, prends ce bout et tire dur, toi qui as bonne poigne.

— Pas si bonne que vous, dit le gars, à preuve que je me souviens d'un certain coup de poing... là-bas en Afrique... enfin, vous savez...

— Tais-toi, bavard.

Et tous deux, combinant leurs efforts, tinrent l'échelle assez raide pour que Bernard, averti par cette tension, pût s'y engager comme sur un pont volant et arriver à terre en se laissant couler doucement par dessus une cour large de dix mètres et un mur de vingt pieds de haut.

Pornic, nos lecteurs le savent, avait la

manie d'étrangler les gens, — à chacun son faible; mais il faillit en ce moment-là subir la dure loi du talion, car le général fut obligé de lui serrer la gorge d'une main de fer pour étouffer un imprudent cri de joie qui allait lui échapper quand son brigadier toucha le sol.

Bernard saisit à deux mains la main de son ancien colonel et la secoua énergiquement en murmurant tout bas :

— Merci, mon général, merci...

— Ah çà, fit le général tout bas, il faut donc que je laisse ici mon échelle... J'y tenais pourtant...

— Attendez, dit Pornic, je vais tirer fort et elle viendra peut-être.

— Elle se cassera.

— Tant mieux. Vous en aurez toujours un morceau.

Et là-dessus, Pornic roula la corde de soie autour de ses poignets herculéens et se rejeta en arrière avec un effort homéririque.

L'échelle cassa; mais Pornic tomba à la renverse et laissa échapper un juron effroyable... un juron, jarni-Dieu! auprès duquel tous ceux que relate l'histoire, depuis le *Pâques-Dieu!* de Louis XI jusqu'au *ventre saint-gris!* d'Henri IV, n'étaient que de l'eau de rose, un juron, citoyens, qui eût fait frissonner un escadron de garde municipale, cette milice vertueuse à qui le gouvernement donnait pour consigne de voir passer deux fois par semaine Rose Pompon et Frisette, sans lui permettre une simple valse ou un menuet pudique... un supplice de Tantale, quoi! Mais à ce juron, le factionnaire que la pluie avait claquemuré dans sa guérite, sortit précipitamment et cria :

— Qui vive?

— Détalons, dit le général vivement...

C'est la première fois que je prends la fuite.

Ne recevant pas de réponse et voyant fuir trois hommes, le soldat lâcha au hasard son coup de fusil, qui donna l'alarme.

Mais quand le poste fut sur pied, — la rue Copeau était vide !

Les trois fugitifs gagnèrent le Jardin-des-Plantes, tournèrent à droite et arrivèrent au quai; là Bernard s'aperçut que le général restait en arrière :

— Allons! mon général, allons! dit-il pour l'encourager. Mais soudain le général s'arrêta et chancela.

Pornic et Bernard s'élancèrent vers lui et le soutinrent.

— Mon Dieu ! s'écria Bernard, qu'avez-vous donc ?

— J'ai... j'ai... la balle... dans le dos... murmura-t-il en s'affaissant.

— Blessé ! blessé ! hurla Bernard...

— A mort, fit le général... je le sens...

Et il tomba tout-à-fait.

Ses deux soldats se penchèrent frissonnants sur lui, et, à la pâle lueur d'un réverbère, aperçurent sa chemise et ses habits ruisselants de sang... La balle, entrée par le dos, était sortie par devant...

Il leur tendit la main et leur dit :

— J'ai un fils...

— Il sera le mien ! s'écria Bernard en étreignant le mourant et laissant tomber sur son front blêmi par l'approche de la mort une brûlante larme.

— Et le mien, dit Pornic qui, les mains jointes et à genoux, récitait les prières des agonisants.

Alors sur le visage bronzé, sur l'énergique et martiale figure de ce héros qui mourait d'une balle française, glissa un amer sourire et il expira en murmurant :

— Frappé par derrière... c'est dur !

Ce mot était sublime, et il ne pouvait

venir que sur la lèvre d'un officier français !

Mais la garde accourait avec des torches, le paisible quartier mis en émoi par une détonation s'emplissait de bruit... il fallait partir et le temps pressait...

— A Kerbrie ! s'écria Bernard en se levant les yeux pleins de larmes, à Kerbrie maintenant ! — à Kerbrie toujours ! — Dieu n'a point permis la mort d'un héros pour que Kerbrie ne soit point sauvé !

Et étendant une dernière fois la main vers le cadavre, il s'écria :

— Dors en paix, mon colonel... Ton fils aura un père et tu seras vengé !

Le vieux père.

XII.

Bernard et Pelao gagnèrent au pas de course la rue du Bac :
— Mon Dieu ! murmurait Bernard, sur la joue duquel roulait une grosse larme, que vous a donc fait cette malheureuse fa-

mille, qu'il soit nécessaire que pour la sauver le sang d'un brave soit répandu?.. pauvre colonel !

Et dire... ajouta-t-il avec un accent de douleur poignante, que nous avons laissé son corps tiède et palpitant encore sur le pavé... Oh ! Kerbrie... Kerbrie... tu auras une lourde responsabilité dans l'avenir... mon colonel est mort pour toi... il faudra que tu veilles sur son fils... Il était alors minuit et demi, et les rues du faubourg Saint-Germain, le quartier tranquille par excellence, étaient complétement désertes et livrées aux rats, qui sortaient des égouts et trottinaient tout à leur aise au long des ruisseaux bourbeux.

Cependant, dans la petite rue du Bac, une chaise de poste attendait à la porte même de la maison garnie, et le postillon, aidé du garçon d'hôtel, chargeait des malles et des paquets sur l'impériale.

—Hum ! fit Pornic, qué tout ben que ça ?

— Chut! souffla Bernard en l'entraînant à peu de distance et s'effaçant avec lui sous le cintre d'une porte avoisinante, — voyons et ne disons mot...

Et tous deux se turent, rabattirent leur casquette sur leur visage et s'apprêtèrent à ne rien perdre ni des paroles qu'échangeaient les voyageurs, ni de leur figure.

Peu après, une femme soigneusement et douillettement enveloppée dans une pelisse fourrée, les mains enfouies dans un manchon, sortit la première. Le garçon abaissa le marche-pied et elle monta en voiture sans prononcer un mot.

— Fleur-des-Genêts... murmura Bernard en tressaillant... Mon Dieu!... mon Dieu!... mon cœur tressaille encore...

Et il appuya douloureusement la main sur son cœur.

Après elle, vint un homme à figure basse et ignoble : lèvres flétries par l'ivresse, yeux effrontés et mornes, que la débauche avait cernés d'un cercle de bistre, calvitie prématurée, démarche saccadée et craintive... un homme qui avait dû redouter éternellement l'agent de police et raser les murs en courant Paris.

C'était M. Théophraste Carnaud.

— Son mari... fit Bernard dont le poing se crispait involontairement.

Comme elle il prit place dans la chaise de poste et, le cigare aux lèvres, s'y enfonça dans un coin avec l'aplomb d'un rustre qui n'est jamais monté qu'en *sapin*.

Puis enfin parurent sur le seuil de l'hôtel un habit bleu barbeau, un pantalon de nankin, des souliers vernis lacés et une cravate, — le tout recouvrant un individu de notre connaissance : maître Claude-Anastase-Xénophon Bachelet, né natif du pays de Caux en Basse-Normandie.

— Êtes-vous bien, mes petits enfants? dit-il d'une voix joviale.

— Oui, dit mame Théo; mais je suis peinée tout d'même de partir sans embrasser Dodolphe.

Dodolphe était l'héritier présomptif de l'hôtel garni et du beau nom de Théophraste Carnaud.

— Maman, dit soudain une voix fraîchement timbrée, me voilà!

L'enfant, c'en était un de douze à quinze environ et des plus beaux jarni-Dieu! — comme aurait dit Pornic, — s'était levé à la sourdine pour voir ce dont il s'agissait.

Bernard l'aperçut et murmura :

— Oh! l'enfant de malheur...

— Comment! te voilà, mauvais sujet? fit la grosse femme d'un ton mielleux en se penchant à la portière.

— Oui, maman... Veux-tu m'emmener?...

— Non, mon enfant, c'est impossible...

— Mais où vas-tu donc ainsi ?

— Fieu, dit Bachelet, nous allons te cueillir un brin d'héritage. Allons ! postillon, en route, il nous faut vingt-six heures d'ici à Kerbrie. Partons !

Un coup de fouet retentit.

— Ouf ! murmura Bachelet. *Adieu paniers, vendanges sont faites* ! allons chercher la grenouille..... nous l'avons bien gagnée... ajouta-t-il avec un éclat de rire strident qui fit tressaillir Bernard et Pornic.

— Oh ! murmura ce dernier, pourvu qu'ils ne l'aient pas tué !

Et tous deux, tandis que la chaise de poste s'ébranlait et s'éloignait au galop, ils s'élancèrent vers l'hôtel, dont le garçon s'apprêtait à refermer la porte.

— Que voulez-vous ? dit celui-ci effrayé à la vue de ces deux hommes.

— Entrer, dit Bernard, nous avons quelqu'un à voir.

— Il est au lit; revenez demain.

— Non, nous voulons le voir à l'instant même.

— Qui ça?

— Le vieux bonhomme qui demeure ici.

— Comment l'appelez-vous? demanda le soupçonneux valet.

— Je ne sais pas.

— Alors, vous n'entrerez pas.

Pornic, sur un signe de Bernard, prit le cou du garçon dans ses mains noueuses et lui dit avec un sang-froid superbe :

— Si tu cries, je t'étrangle...

Et il le serra de manière à lui prouver ce dont il était capable. On sait que c'est assez la manie de Pornic.

— Marche, continua Pornic, en le poussant devant lui.

— Et conduis-nous, ajouta Bernard.

Le garçon s'était trompé : — le père Aucher n'était point couché.

Une lampe brûlait sur sa table, — il était assis dans un grand fauteuil, et, la tête renversée en arrière, il semblait rêver péniblement, et deux grosses larmes jaillissaient de ses yeux ternes et enfoncés dans leur orbite.

Et cette douleur n'était point passagère : — non, quand la journée de dur labeur était finie, lorsque dans un obscur restaurant à dix-huit sous il avait consommé un pauvre et frugal repas, quand enfin, rentré chez lui, aucun bruit ne retentissait plus à ses oreilles, — le malheureux vieillard s'abîmait durant de longues heures en une sombre rêverie... Alors le passé brumeux se déroulait aux yeux de son souvenir : — il revoyait son enfance calme et confiante en l'avenir, les veillées tranquilles et sereines de Kerbrie passées sous l'aile maternelle; puis sa jeunesse aventureuse pleine de coups d'épée et de rêves ardents d'ambition ; — puis sa vie tourmentée, orageuse, semée de récifs et d'écueils, sa vie poursuivie de fantômes vengeurs, — son vieux père frappé en pleine poitrine, sa mère vêtue de deuil le repoussant d'un geste de mépris suprême... et cette nuit fatale où les champions du roi l'avaient souffleté de leur dédain... et cette existence fébrile et guerrière menée vingt ans parmi une peuplade sauvage et courageuse, les nuits de l'Inde tout emplies de mystères et de dangers superbes, nuits faites pour la lutte et le carnage et dont le ciel étincelant éclaire les sombres horreurs... Et puis enfin, — et alors ses larmes longtemps retenues coulaient brûlantes et silencieuses, — et puis enfin, c'était ce rapide rayon de bonheur effleurant sa vie et son cœur pendant cinq années, — cette femme qui versait son sourire comme un baume sur son âme meurtrie et souffrante; — ces petits anges dont les bras d'albâtre entouraient, carressants, son visage bruni...

Et souvent la nuit s'écoulait, — et les premiers baisers de l'aube venaient glisser sur sa tête blanche, qu'il rêvait et pleurait encore...

Alors il n'était plus temps de songer au repos. Il se jetait tout vêtu sur son lit, dormait trois heures d'un fiévreux sommeil, puis se relevait pour reprendre sa pénible tâche quotidienne...

Or, cette nuit-là, le pauve vieillard ne songeait point, hélas! aux heures qui fuyaient, et sa pensée était bien loin du moment présent, lorsque la porte de la chambre s'ouvrit soudain et donna passage à Pornic et Bernard.

A la vue de ces deux hommes, le père Aucher se leva vivement et essuya furtivement ses larmes.

— Que me voulez-vous ? demanda-t-il d'une voix timide.

Bernard fit un pas vers lui et dit en le saluant avec respect et lui prenant les mains :

— Nous venons reconnaître notre maître M. le chevalier de Kerbrie.

Le père Aucher recula et tressaillit :

— Je ne suis point celui que vous croyez, dit-il.

— Oh! fit Bernard en s'agenouillant humblement, vous ne nous tromperez point, notre maître, nous savons que vous êtes...

— Qui êtes-vous vous-même ? demanda brusquement le père Aucher.

— Moi, dit Bernard, je suis le fils de Jean Pelao, votre frère de lait...

— Pelao ? fit le vieillard avec émotion.

— Oui, dit Bernard.

— Jean Pelao, le fils de mon père nourricier... mon compagnon d'enfance...

— Vous le voyez bien ! s'écria l'ex-spahis joyeux, vous avouez donc que vous êtes le chevalier de Kerbrie...

— Eh bien ! oui, dit le vieillard, mais pourquoi viens-tu me troubler dans ma retraite, mon enfant, que me veux-tu ?

— Je veux, ô mon maître...

Et Bernard, toujours à genoux, appuya ses lèvres sur les mains desséchées du chevalier.

— Je veux, ô mon maître, vous rendre votre héritage qu'on est en train de vous voler à cette heure.

— Je n'ai pas d'héritage... murmura le vieillard d'un air sombre...

— Comment ? s'écria Bernard, et Kerbrie, donc ?

— Kerbrie appartient aux héritiers de la baronne de Kerbrie.

— Mais, fit Bernard stupéfait, vous n'êtes donc pas son fils ?

— Je l'étais, dit le vieillard d'une voix

où couvaient des sanglots, mais elle m'a renié et maudit...

— Elle vous a pardonné et attendu trente ans, ô mon maître...

— Dis-tu vrai, enfant, dis-tu vrai? s'écria le chevalier avec une explosion de joie.

— Elle est morte dans mes bras, fit Bernard ému, et votre nom est le dernier mot qu'elle a prononcé...

— Oh! murmura le vieillard en tombant à genoux, merci, mon Dieu! merci... je puis mourir en paix, maintenant...

— Vivez, lui dit le spahis, vivez, notre maître, il ne faut pas que le toit de Kerbrie abrite des étrangers...

— Mon enfant, fit le vieillard avec un sourire de résignation sublime, laisse-moi mourir en paix, et ce sera bientôt... j'ai soixante-dix ans, la douleur m'a brisé... Pourquoi veux-tu que j'arrache à des collatéraux l'héritage qu'ils convoitent... et puis, cet héritage ne l'ont-ils pas depuis longtemps ?

— Ils ne l'ont pas encore! Votre mère avait remis l'ouverture de son testament à vingt années de distance... Elle espérait toujours que vous reviendriez...

— Eh bien, qu'ils se le partagent... qu'en ferais-je, moi?

— Mais vos enfants ?

— Morts! dit le vieillard d'une voix sombre.

— En êtes-vous bien sûr?..

Il secoua la tête. C'était une réponse muette.

— Mais enfin, si l'un d'eux vivait...

— Impossible! la mer, la mer implacable les a dévorés.

— Eh bien ! fit Bernard en tremblant, si votre fils vivait... si je l'avais vu... si enfin il était à Paris...

— A Paris ? mon fils vivrait... tu l'aurais vu! s'écria le chevalier chancelant...

Oh ! tu me railles, enfant, tu me tues !

— Je dis vrai, ô mon maître ! exclama le noble serviteur en posant la main sur sa poitrine. Je l'ai vu !

— Mais où est-il ? où est-il, mon Dieu ? Pourquoi n'est-il point avec toi... murmurait le vieillard en s'agenouillant et joignant les mains...

— Hélas ! dit Bernard, je l'ai perdu de vue... mais je le retrouverai...

— Ah ! fit le chevalier en portant vivement la main à son cœur...

Et il chancela et se laissa tomber sur un siége, défaillant et horriblement pâle...

— Mon maître... mon maître, s'écria Bernard, qu'avez-vous ?.. qu'avez-vous, mon Dieu ?...

— J'ai... j'ai... murmura-t-il d'une voix brisée, j'ai que je vais mourir...

— Mourir ? mais c'est impossible....

— Si, dit le vieillard, la joie puis la douleur m'ont tué... Mon fils vit, mais je ne le verrai pas... je m'éteindrai seul comme ma mère... c'est le châtiment de Dieu!

Et une sueur de sang mouilla ses tempes.

— Tiens, enfant, continua-t-il, ouvre ce secrétaire, il y a un double fond... bien ; dans le double fond est un étui... mes papiers...

Bernard ouvrit le double fond :

— Vide, dit-il.

— Vide? Le double fond est vide?... on m'a volé mes titres?

— Oh! s'écria Bernard, ce sont ceux que j'ai eus dans les mains... et je comprends tout maintenant...

— Mon Dieu! fit le vieillard, mon Dieu!..

— Ce sont nos ennemis qui les ont! exclama soudain le spahis, l'œil étincelant de colère... Oh! soyez tranquille, maître, je les aurai...

Un éclair d'énergie passa dans les yeux

du vieillard : il se souleva à demi, indiqua du geste, — car déjà il ne pouvait plus parler, — du papier et des plumes qui étaient sur une table. Bernard poussa la table devant lui, — le vieillard fit un dernier effort, prit la plume et traça quelques lignes presque illisibles que voici :

« Aujourd'hui, treize septembre mil
» huit cent quarante, prêt à paraître de-
» vant Dieu, j'ai fait mon testament. J'ins-
» titue mon légataire universel mon fils
» Paul-Gaston de Kerbrie, et j'enjoins à
» tous ceux qui pourraient, ignorant son
» existence, détenir ma fortune patrimo-
» niale, de la lui restituer fidèlement.

» Chevalier GEORGES DE KERBRIE. »

Il tendit le papier à Bernard et lui indiqua la porte du geste :
— Va ! semblait-il lui dire...

— Mon Dieu ! mon Dieu ! murmurait Bernard en s'arrachant les cheveux, mon maître... mon bon maître...

Pornic sanglotait en un coin.

La pâleur du chevalier augmentait visiblement, son regard se voilait...

— Au secours ! s'écria Bernard... au secours !

Mais sa voix se perdit sans écho... Le corps de bâtiment où ils étaient se trouvait désert depuis le départ de mame Théo.

— Seigneur ! Seigneur ! exclama-t-il avec angoisse, le laisserez-vous mourir ainsi ?... Pornic ! va chercher un médecin... un prêtre... cours...

Le chevalier secoua de nouveau la tête, cela voulait dire qu'il était trop tard et qu'il n'avait pas le temps.

Puis, comme si Dieu l'eût permis, au moment suprême, il retrouva l'usage de la parole, et regardant Bernard fixement :

— Comment est-il ? fit-il naïvement.

— Il est beau, — répondit le serviteur avec enthousiasme.

— L'aimeras-tu ?

— Je mourrai pour lui.

— Merci, enfant... merci...

Et le vieillard étendit sa main sur la tête de Bernard prosterné, le bénit et mourut...

Il avait aux lèvres le sourire des martyrs...

Alors Pornic s'élança dans l'escalier et appela à pleins poumons. Les locataires et le garçon de l'hôtel accoururent à moitié vêtus et reculèrent à la vue de ce cadavre encore chaud étendu dans un fauteuil et souriant encore...

Bernard était debout à côté du fauteuil, calme et recueilli ; — il ne pleurait pas... il souffrait !

— Priez, dit-il d'une voix triste et grave, priez pour M. le chevalier Georges de Kerbrie.

Et comme on se regardait avec étonnement, entendant prononcer ce nom pour la première fois, il continua :

— Allez chercher des cierges, allumez-en beaucoup et amenez un prêtre, — car celui que vous allez veiller était un haut et puissant gentilhomme autrefois, et ses terres formaient toute une province.

— Personne autre que moi ne veillera mon maître, dit alors Pornic, j'ai mangé le pain de Kerbrie et je veux allumer le cierge mortuaire.

— Bien, dit Bernard en s'agenouillant devant le mort et lui donnant l'osculatum, ce baiser suprême que les serviteurs déposaient sur les lèvres du maître trépassé.

Après lui vint Pornic, — et les quelques personnes qui étaient présentes furent frappées de l'austère et lugubre majesté de cette scène digne des temps héroïques et chevaleresques.

— Maintenant, fit Bernard en se levant, dors en paix, ô mon maître, moi je vais à Kerbrie défendre le bien de ton fils!

Et Bernard sortit d'un pas ferme, et ceux qui se trouvaient sur son passage s'écartèrent avec respect.

Un soufflet de grande dame.

XIII.

Tandis que Bernard et Pornic accouraient recevoir le dernier soupir du vieux chevalier de Kerbrie, un drame non moins saisissant se jouait à la Comédie-Française; et non point sur la scène, comme on pourrait le croire, sur cette scène où, depuis trois cents environ et régulièrement deux fois par semaine, pleurent et se lamentent des reines grecques ou romaines, malgré les consolations rimées de leurs confidentes.

Le drame n'était point éclairé par la rampe, et ses acteurs, essoufflés, n'allaient pas essuyer leur front ruisselant derrière un arbre de carton ou un rocher de sapin.

Le drame était dans la salle et il coudoyait un public nombreux, qui ne prenait cependant nulle garde à lui.

Sur la scène, des messieurs en gants blancs, en bottes vernies ; des dames, parfumées de frais, jolies, le fard et le coiffeur aidant, attendaient le coup de sonnette du régisseur et le lever du rideau pour venir débiter, d'abord sur la pointe de leurs orteils et du bout de leurs lèvres, un charmant proverbe hérissé d'esprit, léger à ne pas résister à un coup de boutoir de la critique, sautillant sur les paradoxes qui lui servaient de pieds et entièrement teint à l'eau de lavande; un ravissant marivaudage comme, hélas! n'en fait plus, — nous ne savons pourquoi, — mademoiselle Augustine Brohan, cette soubrette aux ongles roses.

Puis, après le proverbe et une demi-heure d'attente, les mêmes dames et les mêmes messieurs reviendraient et communiqueraient au public une comédie en vers et en trois actes, œuvre d'un dramaturge du boulevard qui osait se risquer rue de Richelieu. Cette comédie, dont on disait beaucoup de bien, était de M. Gaston, et c'est elle qu'on avait aussi rapidement étudiée, montée et répétée.

C'était précisément le 13 septembre. Dans la salle, on préparait le drame.

Ici pas de décors, point de costumes, peu de mots, aucun geste. L'action devait être mystérieuse et sourde comme une page de Frédéric Soulié, l'écrivain qui a toujours négligé dans ses œuvres dramatiques les accessoires que les cervelles banales amassent à grand'peine; l'homme qui, avec un seul mot, produisait plus d'effroi au théâtre que bon nombre de ses confrères avec leur innombrable attirail de couloirs secrets, de portes mystérieuses, de lames de Tolède, de points d'exclamation saugrenus, et de ces poses renversées et peu plastiques que dans l'argot de la chose ils définissent par ce mot écrit en lettres capitales : TABLEAU! Les acteurs étaient peu nombreux, — le principal d'entre eux ignorait son rôle et devait le jouer malgré lui. C'est une innovation dans les mœurs dramatiques que nous proposons aux glaneurs d'idées.

La comédie, nos lecteurs l'ont vue peut-être; — le drame, il est passé près d'eux inaperçu et muet; il s'est dérobé dans la foule et les yeux baissés comme toutes les grandes douleurs, comme les hautes infortunes...

Racontons le drame :

Il y avait à la porte du temple de Molière, depuis la rue de Rohan jusques et après la fontaine qui porte le nom du grand poète comique, une longue file de voitures et d'équipages. Le noble faubourg y avait mandé ses carrosses, la Chaussée-d'Antin ses coupés, la fashion de Bréda-Street ses américaines. A l'intérieur, les loges, l'orchestre et même le parterre regorgeaient d'éblouissantes toilettes, de beautés évaporées et sensuelles comme l'école italienne, un échantillon de tout ce que le monde peut avoir de vertu sévère et de vice doré.

La critique, ce gros homme joufflu et pansu, à l'habit marron, au sourire bénin, au coup de griffe cruel malgré son gant satiné, étalait son court embonpoint sur le velours des stalles, — quelques auteurs sifflés ou reculés avaient apporté pour l'assortiment leur nez pincé et leur face jaunâtre qu'ils produisaient sans honte à la lueur des quinquets. Les *chevaliers du lustre*, disséminés, par un chef habile, sur tous les points, n'attendaient que le premier hémistiche du premier vers pour applaudir à tout rompre et *enlever* le succès.

La salle était comble : seules, deux loges étaient vides encore, et cependant le proverbe couleur eau de lavande venait de plier bagage et de s'en aller. La toile était sur le point de se lever sur la pièce de résistance.

Ces deux loges étaient placées vis-à-vis l'une de l'autre et presque au-dessus de la rampe, la longueur de l'orchestre les séparait seules et elles étaient merveilleusement disposées pour tour voir et tout entendre... surtout dans la salle. A l'Opéra où on ne va guère pour autre chose, et où l'acteur ou l'actrice en vogue ne sont plus écoutés quand le lion ou la panthère de la mode font leur entrée, ces deux loges eussent fait fortune.

Enfin, au moment où la sonnette du foyer avertissait les acteurs, l'une d'elles, celle de droite, s'ouvrit et un jeune homme entra et y prit place.

C'était Gaston.

Il était fort pâle, la sueur coulait de son front, et cette pâleur devint livide, cette sueur se changea en glaçons quand il aperçut la loge de vis-à-vis déserte encore.

C'était celle de madame de Willermez.

On a écrit une centaine de volumes sur les émotions poignantes qu'éprouve un jeune auteur dont on va jouer la première pièce, ou dont on imprime le premier livre. On a conté cela en vers et en prose, en grec et en latin. Il n'est pas un écrivain qui n'ait éprouvé au moins une fois en sa vie le besoin de communiquer au public les premières pages de son existence littéraire, et partant qu'il n'ait retracé celle-là : — si bien que la chose est devenue vulgaire.

Mais ce qu'on a dit moins souvent, c'est l'angoisse terrible qui s'empare du poète quand, au lieu d'un public qu'il ne connaît pas, il a pour juge la femme qu'il aime. Le public ? il s'en soucie bien, ma foi ! il songe bien à lui ! il s'inquiète bien de son blâme ou de son approbation ! — Son public à lui, celui pour lequel il a écrit trois mois et veillé durant de longues nuits, laissant l'heure s'écouler et la lampe s'éteindre, et le feu s'assoupir... le public auquel il songeait en frémissant quand la rime se cabrait sous sa plume, quand l'inspiration était rebelle, quand sa tête alourdie retombait somnolente et fatiguée sur sa table, malgré les vapeurs fébriles du café, malgré la fumée du narghilé, malgré l'implacable aiguillon du temps qui le stimulait en vain... ce public, — c'était ELLE !

Il eût consenti à donner sa pièce devant des mandarins chinois, si *elle* eût été parmi eux !

C'était pour *elle*, rien que pour *elle*, pour *elle* seule que Gaston s'était enfoui trois mois sous les poutres enfumées d'une mansarde, pour elle qu'il avait quitté ses spectateurs aimés du boulevard qui le portaient aux nues et l'accablaient de bravos, pour venir se risquer dans le sanctuaire par excellence de la prose rimée où le fond doit céder le pas à la forme...

Et, comprenez-vous cela, *elle* qui ne manquait jamais une première représentation de la Comédie-Française, *elle* qui aurait dû arriver la première, car il l'attendait seule, — ELLE n'y était pas !

Gaston promena un regard éperdu dans la salle... rien !

Le coup de sonnette suprême retentit, la toile se leva... la loge restait vide !

La pièce débutait par un duo ravissant, où deux jeunes époux, au seuil de la lune de miel, les mains enlacées, l'œil humide, se parlaient saintement d'amour, comme deux pigeons blancs sur le toit d'une maison des champs, qu'ombragent de grands sycomores.

La femme parlait la première.

Cette femme, c'était mademoiselle Judith.

Eh bien ! Gaston fut sur le point de sauter sur la scène, de prendre dans ses mains le cou frêle et doré de cette ravissante créature et de le serrer en disant :

— Taisez-vous ! elle n'est point encore venue !

Il écouta, frémissant, les quatre premiers vers, puis, au moment où Brindeau donnait la réplique, il s'élança hors de sa loge, traversa les couloirs et le foyer comme un fantôme, et courut à la porte... on eût dit un vaudevilliste sifflé!

Or, peu auparavant, tandis que Gaston, l'œil attaché sur la loge de madame de Willermez, qui s'obstinait à rester vide, frissonnait d'impatience, une femme mise plus que simplement, un voile épais rejeté sur les yeux, entra rapidement dans le couloir de l'orchestre et se fit ouvrir une de ces petites loges du rez-de-chaussée et qui sont assez perdues dans l'ombre pour qu'on y puisse tout voir sans être vu.

Après cette femme arrivèrent successivement une autre femme et trois hommes; puis, quand ils furent au complet, ils baissèrent à demi les stores, et la femme qui était venue la première leva son voile...

C'était madame de Willermez.

L'autre femme avait nom mame Théo,

Et, dans les trois hommes, nos lecteurs auraient aisément reconnu le comte de Maucroix, Karnieuc et maître Anastase-Claude-Xénophon Bachelet.

Madame de Willermez et le comte s'enfoncèrent dans le coin le plus obscur.

— Ah çà! dit le comte, j'avoue que je ne comprends pas bien encore quel est ce ce coup de théâtre que vous ménagez à notre jeune étourneau, — bien que nous soyons à la Comédie-Française.

Et le comte se mit à rire, émerveillé de de son déplorable rapprochement.

— Mon cher, répondit madame de Willermez, si vous compreniez tout, je n'aurais besoin de vous rien expliquer, — et Dieu, ajouta-t-elle avec son ravissant sourire, m'a mise au monde tout exprès pour aider votre intelligence.

— Méchante!

— En ce moment, poursuivit la jeune

femme avec une certaine ironie dédaigneuse, vous m'avez l'air de ces bons pères de famille lisant un roman en cachette et sautant deux cents feuillets pour arriver plus vite à la fin et n'être point surpris par leur femme à l'endroit le plus intéressant. Si je vous dis quel est l'effet que j'ai préparé, ce ne sera ni plus ni moins que si je ne vous en souffle mot.

— Et pourquoi?

— Ah! fit-elle, voilà qui est difficile à dire...

— Mais enfin...

— C'est qu'après vous avoir expliqué ceci, il faudrait vous l'expliquer une seconde fois...

— Vous êtes cruelle! fit le comte d'un ton jovial.

— Tandis que si vous avez assez de patience pour attendre une heure...

— Je verrai, n'est-ce pas?

— Sans doute.

— Et je comprendrai?

— Je l'espère. Si vous ne comprenez pas, c'est que vous serez tout-à-fait un homme sérieux... en politique.

En même temps, Karnieuc, placé avec Bachelet sur la banquette de devant, disait à celui-ci :

— Pourquoi diable nous a-t-elle fait venir ici, madame la baronne?

— Dame! fit Bachelet, je ne sais pas, mais il faut que ça soit drôle.

— Tu crois?

— Parbleu! elle a une bonne tête, cette petite dame de rien du tout, maigre et pâle comme une sarcelle.

— Faut voir, faut voir, murmura Karnieuc. Cristi! la jolie femme...

Et tandis que Karnieuc s'extasiait sur la beauté de mademoiselle Judith, mame Théophraste Carnaud, née Marguerite Yvonne Fleur-des-Genêts Bilain, qui était tout yeux et tout oreilles depuis le lever du rideau, murmurait tout bas à la vue de Brindeau :

— Oh ! le joli monsieur !

Madame de Willermez ramena alors son voile sur ses yeux, se pencha en avant et entraîna le comte avec elle.

— Voyez-vous ma loge ? dit-elle.

— Oui, elle est vide.

— Bien, maintenant regardez en face.

— Ah ! dit le comte, voilà Gaston.

— Jour de Dieu ! murmura Bachelet, qui avait entendu et suivait le regard de madame de Willermez, est-il pâlot, le petit !

— En effet, fit le comte, il est bien pâle. Il a peur que sa pièce ne tombe.

— Vous êtes un niais ! sembla dire la jeune femme avec un haussement d'épaules du plus suprême dédain. Vous ne voyez donc pas que sa pâleur et son trouble viennent de ce que je ne suis pas dans ma loge ?

— Ah ! je comprends...

— C'est fort heureux.

— Mais encore...

— Attendez.

Et le fatal sourire de madame Willermez passa lentement sur ses lèvres et donna le frisson à Bachelet lui-même.

Soudain Gaston quitta sa loge et il était à peine sorti, que la loge opposée, celle de madame de Willermez, s'ouvrit et même assez bruyamment pour attirer l'attention des spectateurs.

Une femme voilée, élégamment vêtue, portant haut la tête, entra, s'assit et se tourna vers la scène pour écouter attentivement.

— Tiens! pensa Bachelet, voici du nouveau...

— Ah! ah! fit à son tour le comte, quelle est donc cette femme? est-ce que vous avez loué votre loge?

— Vous êtes un sot, fit froidement madame de Willermez.

Puis elle se tourna vers Bachelet :

— Votre chaise de poste est-elle prête ?

— Oui, madame. A minuit, madame, son mari et moi serons en route.

— Et vous, baron ?

— Moi, dit Karnieuc en saluant jusqu'à terre pour remercier du titre de baron, j'ai ma berline de voyage à deux pas d'ici, dans la rue Neuve-des-Petits-Champs.

— Bien, dit madame Willermez. Maintenant, regardez tous cette loge : vous voyez cette femme ?

— Oui, dit Bachelet.

En ce moment, Gaston, toujours pâle et défait, entrait dans la sienne et comprimait à grand'peine un cri de joie.

— A présent, regardez celle-ci ; vous voyez cet homme ? ce jeune homme aux moustaches brunes...

— Mon locataire, dit la Carnaud.

— Gaston de Kerbrie, murmura le comte.

— Le maître, dirent involontairement Karnieuc et Bachelet qui oubliaient qu'ils n'étaient plus aux gages de Kerbrié.

— Eh bien! continua madame de Willermez, quand cette femme lèvera son voile, regardez ce jeune homme!

Un rire de hyène acheva ces paroles, et le comte de Maucroix, qui n'était qu'un grossier coquin, sentit ses cheveux se hérisser.

— Hum! fit Bachelet, je crois comprendre... fameux, oh! fameux!

En sortant du théâtre, Gaston passa une anxieuse et rapide inspection des équipages; il courut jusqu'au Carrousel, descendit jusqu'à la fontaine Molière... nulle part il ne vit la livrée de madame de Willermez!

Un moment il eut l'idée de se jeter sous la roue d'une voiture et d'en finir sur-le-champ avec la vie... mais une pensée l'arrêta.

— Je veux voir au moins mon triomphe, dit-il. Et, brisé, fou, stupide, il retourna au théâtre. Comme il touchait les dalles du péristyle, il entendit des applaudissements; comme il montait au foyer un tonnerre de bravos s'engouffra dans les couloirs comme un ouragan...

Ces bravos étaient des coups de couteau : — on l'applaudissait... elle n'y était pas!

Il entra dans sa loge d'un pas chancelant et le regard ébloui par le vertige, mais soudain un cri lui échappa, et ce cri était assez étouffé pour passer inaperçu; — il porta la main à son cœur et retomba sans force et sans voix sur sa banquette...

La loge n'était plus vide!

C'était bien elle, malgré ce voile discret qu'elle avait pris sans doute pour dérober ses larmes de bonheur; c'était bien elle avec sa taille frêle et souple, ses petites mains si bien gantées, sa tête fièrement levée comme une tête de reine...

Et puis cette toilette! — c'était celle qu'elle avait au bal de la villa quand il l'entraînait, éperdue et haletante, aux accords de la valse : il n'y avait rien de changé, rien, pas même l'éventail qu'il lui avait pris des mains et qu'il avait couvert de baisers à l'ombre d'un massif.

Gaston faillit suffoquer de bonheur.

Elle était là, elle écoutait, elle entendait les bravos... le reste du monde pouvais s'abîmer dans le chaos de Jéhovah : — belle misère, vraiment!

Le cœur de Gaston brisait sa poitrine.

La pièce réussissait à merveille; la critique souriait d'un air protecteur dans son habit marron à boutons d'or; les confrères riaient jaune, les amis applaudissaient quand cela était nécessaire pour entraver l'action et étouffer un beau morceau... Mais le public, le vrai public qui paye sa stalle et rend des arrêts sans appel, applaudissait aussi et se montrait satisfait.

Et *elle*, la femme voilée, elle écoutait religieusement, les yeux fixés sur la scène, et elle applaudissait aussi à mesure que les trois actes se déroulaient majestueusement.

Au dernier, quand le rideau baissa, elle se tourna tout-à-fait vers Gaston.

Gaston faillit sauter par-dessus les banquettes et arriver jusqu'à elle.

La toile fut levée, et l'un des acteurs vint jeter à la foule frémissante d'impatience le nom de l'auteur...

Alors la femme mystérieuse releva son voile et regarda Gaston en riant.

Gaston recula épouvanté et comme s'il eût vu la tête de Méduse elle-même : — puis, comme ces héros d'Homère atteints en pleine poitrine, il fit un demi-tour sur lui-même, étendit les bras et tomba à la renverse, exhalant un cri d'énergique douleur et de honte indicible !

En même temps, madame de Willermez entraînait ses complices hors du théâtre en leur disant :

— S'il ne se brûle pas la cervelle dans une heure, c'est qu'il est un LACHE !

Or, savez-vous, madame, quelle était cette femme ? — Ce n'était ni la tête hideuse de Méduse, ni une duègne d'opéra-comique... C'était un visage frais et rose, mais vulgaire ; c'était... — Riez, car c'est triste à égayer un damné, — C'était... SA FEMME DE CHAMBRE.

XIV.

Le cri poussé par Gaston au moment où il tombait à la renverse produisit une commotion électrique dans la salle; tous les yeux, toutes les lorgnettes furent aussitôt braqués sur sa loge, — on le reconnut, et ce ne fut point la moindre partie de son triomphe.

Les femmes, — et il y en avait de belles, — se précipitèrent en masse compacte pour le secourir, on lui fit respirer des sels, on le porta au foyer... et l'on mit ce cri de désespoir et d'angoisse suprême sur le compte de l'émotion produite par l'enivrement du succès.

Que de fois la multitude se trompe aux grandes joies et aux désespoirs immenses !

Quand il ouvrit les yeux, il aperçut autour de lui une foule empressée, élégante, et il eut honte de sa position. Il balbutia quelques mots d'excuse, fit un effort sur lui-même, sortir du foyer et disparut.

La pluie commençait à tomber.

Gaston s'élança tête nue dans la direction du Carrousel, traversa les ponts et gagna la rue de Lille toujours courant, l'œil en feu et livrant avec bonheur son front brûlant aux baisers glacés de l'orage. Il arriva ainsi jusqu'à la porte de l'hôtel Willermez et s'arrêta soudain, comme l'étalon fougueux qui, lancé au galop, arrive au fond d'un précipice et se cabre.

Jusque-là, aucune pensée dominante, aucune idée arrêtée, n'avait guidé sa course; il avait été entraîné malgré lui, d'une manière irrésistible, comme le fer court à l'aimant, allant vers cette femme qui le souffletait, parce qu'il avait besoin, après l'affront, de présenter encore sa joue et de lui dire :

— Frappez! frappez encore! Tuez-moi d'un seul coup, je souffrirai moins.

Mais le vent et la pluie, l'air froid de la nuit agissaient lentement et à son insu sur son système nerveux, une seconde de réflexion suffit pour mettre du calme dans sa tête et de l'ordre dans ses idées bouleversées. Et alors ces quatre années de souffrance aiguë, ces longues déceptions, ces espoirs dérisoires qui avaient été sa vie, passèrent comme un rêve dans son souvenir, une sombre pensée monta et bouillonna dans son cerveau, et cet homme, qui, jusque-là, avait courbé le front sous une verge de fer, qui avait étreint son cœur pour l'empêcher d'éclater, sur qui la foudre était tombée et que la foudre n'avait point terrassé ; cet homme se redressa soudain froid et calme, il mit la main sur le manche d'un stylet mignon qu'il portait toujours sur lui, et il se dit :

— Il faut que je me venge !

Puis il prit lentement le bouton de la porte cochère et sonna !

La cloche rendit un bruit lugubre et la porte tourna sur ses gonds en grinçant.

L'hôtel était silencieux, aucune lumière ne filtrait à travers les persiennes des croisées, et la loge du suisse était seule éclairée.

Il était alors minuit.

— Madame de Willermez est-elle chez elle? demanda Gaston.

Gaston était un habitué de la maison, — les laquais s'inclinaient très-bas devant lui. Le suisse le reconnut :

— Madame est partie depuis une heure, — répondit-il.

— Partie! s'écria Gaston frémissant.

— Oui, monsieur.

— Et pour quel endroit?

— Pour la Bretagne.

— Partie! répéta Gaston avec un accent terrible, vous mentez! Tu mens, valet!

Le suisse ouvrit de grands yeux :

— Ma foi, monsieur, dit-il, je ne sais pas quel intérêt je puis avoir à vous mentir... Si vous voulez vous assurer par vous-même du départ de madame...

— Tiens, dit Gaston, fouillant dans sa poche et en retirant deux louis, dis-moi qu'elle n'est pas partie et cela t'appartient...

Le suisse repoussa l'or :

— Elle est partie, dit-il.

Gaston rejeta l'or sur la table et s'enfuit.

L'orage redoublait de violence, les éclairs se succédaient avec une effrayante rapidité, et les rues du faubourg Saint-Germain étaient désertes.

Gaston s'en allait au travers, comme un fou, toujours tête nue et appuyant sa main crispée sur son cœur.

Dans sa course désordonnée il gagna de nouveau les quais et arriva sur le Pont-Royal.

Vers le milieu environ il se trouva arrêté par un choc violent. Un homme courant comme lui tête baissée, mais en sens inverse, venait de le heurter.

Un juron échappa à l'inconnu :

— Imbécille! dit-il en prenant à gauche.

— Imbécille vous-même, répondit Gaston.

Mais à peine ces épithètes peu polies étaient-elles échangées, que tous deux poussèrent une exclamation de suprise :

— Gaston ! fit l'inconnu.

— Georges ! répondit Gaston.

Et ces deux jeunes gens, qui se rencontraient à pareille heure en ce lieu désert et par le plus grand des hasards, se serrèrent expansivement la main.

— Où vas-tu ? demanda Gaston.

— Où je vais ? fit tristement Georges, pauvre Gaston...

— Que veux-tu dire ?

— Tu es heureux, toi, le succès t'enivre, la fortune te prodigue ses baisers, tu es riche déjà, tu le seras plus encore demain... car naguère j'ai passé devant le Théâtre-Français où ton nom était dans toutes les bouches...

— Riche ! fit Gasson avec un accent de fureur concentrée, que m'importe !

— Moi, dit Georges sans prendre garde

à ces paroles, je suis pauvre, pauvre toujours... j'ai lutté, j'ai souffert; la lutte a été vaine, la souffrance stérile... La misère et l'obscurité que j'essayais de soulever sont retombées sur moi et m'ont tué.

— Espère... dit machinalement le poète.

— Espérer! s'écria Georges, tu veux que j'espère? et elle se marie dans huit jours.

— Qui, elle?

— Marie, répondit Georges d'une voix creuse et sombre. Je me suis traîné aux genoux de son père, j'ai prié, j'ai pleuré, je me suis mis au niveau de la bassesse et de la supplication la plus misérable, je lui ai demandé un an... six mois...

— Pourquoi six mois? fit encore Gaston rêveur.

— Pour jeter sur une toile gigantesque tout ce que j'avais de talent et de génie, pour lancer un dernier défi au monde qui

passe indifférent et railleur près de moi...
et alors, sais-tu ce qu'il m'a dit?

Et Georges eut un éclat de rire strident et funeste, un éclat de rire qui brisait le cœur.

— Il m'a dit : Mon garçon, tout ça, c'est des bêtises, j'aimerais mieux te voir dix mille francs en bon argent ou en moellons au soleil... Si tu les avais, je te donnerais ma fille...

— Et, dit Gaston, tu ne les a pas...

— Où veux-tu que je les prenne? je n'ai pas dîné depuis deux jours.

— Et, fit encore Gaston, elle en épouse un autre?

— Oui, son père l'y force.

— Elle ne t'aime donc pas?

— Tu me demandes si elle ne m'aime pas! s'écria Georges avec colère. Mais si, elle m'aime!

— En es-tu sûr? dit le poète avec un ricanement.

— Si sûr, répondit Georges, que, lorsque nous nous sommes heurtés, je venais ici pour en finir...

— Que veux-tu dire ?

— La mort est bonne, murmura Georges, et la Seine m'attend... Adieu, ami.

Georges voulut s'élancer vers le parapet du pont, le poignet vigoureux de Gaston le cloua immobile.

— Tu es un fou, dit-il. Elle t'aime et tu veux mourir ? elle t'aime et tu crains quelque chose ? elle t'aime... et tu parles de ta misère ? Oh ! triple niais ! s'écria-t-il avec exaltation, dont le pied heurte le seuil du paradis et qui n'ose y entrer.

— Gaston, dit Georges, ne me raille pas, la raillerie est un supplice à l'heure de la mort.

— Mais tu ne mourras pas ! s'écria Gaston, — car je suis là, moi... j'ai gagné de l'argent, j'en ai encore, j'ai un mobilier qui vaut six mille francs, une pièce qui fera de l'or... je te donne tout cela, tout... tu pourras l'épouser, et puisqu'elle t'aime, ajouta-t-il avec un sourire à fendre l'âme, tu seras heureux... pauvre Georges !

— Gaston, dit Georges, tu es fou... je ne souffrirai point que tu te dépouilles pour moi...

— Moi ? murmura le poète, je n'ai plus besoin de rien.

Un éclair projeta sa vive et sinistre lueur sur le visage bouleversé de Gaston, et Georges s'écria :

— Qu'as-tu, mon Dieu ?

— J'ai, dit Gaston froidement, que la femme que j'aimais ne m'aimait pas et qu'elle m'a, ce soir même, fait un de ces affronts que la mort lave seule.

Et le poète raconta tout en quelques mots.

— Maintenant, dit-il, tu vois bien que la mort est mon seul refuge. Tu as bien fait de me rencontrer aujourd'hui. Je ne savais à qui laisser le peu que je possède... Je t'avais oublié...

— Mais ce que tu dis est insensé ! On ne meurt point pour une femme !

Gaston sourit :

— Ne voulais-tu pas mourir tout-à-l'heure?

— C'est juste, répondit Georges. Mais moi j'étais pauvre, obscur, découragé... et l'avenir t'est grand ouvert.

— Enfant ! murmura Gaston, la gloire, la fortune, l'avenir : mots creux ! Tout cela ne vaut pas ce chaud rayon d'amour que celle que tu aimes laissera tomber de ses yeux sur ton front. Pauvre enfant ! répéta-t-il avec un soupir déchirant, tu regrettes les âcres baisers de cette maîtresse qu'on nomme la célébrité et, dans une heure peut-être, deux lèvres de femme t'effleureront en murmurant : *Je t'aime!*

Puis, comme les sanglots comprimés du poète menaçaient d'éclater, il prit brusquement le bras de son ami et lui dit :

— Viens et tais-toi !

Et Georges, soit joie égoïste, soit respect pour cette grande douleur, suivit Gaston sans mot dire.

Gaston emmena Georges vers le Carrousel où se trouvaient encore quelques voitures de place ; tous deux montèrent dans un fiacre qui prit aussitôt le chemin de la rue Labruyère.

Depuis qu'il s'était enfoui petite rue du Bac, le poète n'avait point revu son logement.

Le groom était en goguette ; le portier avait tiré le cordon les yeux fermés ; les locataires dormaient. Gaston pénétra chez lui à l'insu de tous. Il prit un flambeau, se promena lentement dans chaque pièce sans dire un mot, sans faire un geste ; puis il s'assit à une table, écrivit quelques lignes et les tendit à Georges.

— Tiens, lui dit-il, voilà mon testament. Je t'installe maître chez moi.

Georges se croisa les bras sur la poitrine, regarda Gaston en face et répondit :

— Tu as dit quelque part, dans un drame, je crois : L'amoureux qui se tue n'est pas digne d'être aimé. Le suicide est une lâcheté !

— C'est vrai, tu aurais dû t'en souvenir.

— Je m'en souviens à temps, ami... à temps pour te rappeler à toi-même.

Le front de Gaston se plissa :

— Eh bien, soit! s'écria-t-il, je vivrai... mais je veux recommencer la vie, redevenir pauvre, ignoré... Peut-être l'oublierai-je... — Tiens, continua-t-il, reste ici, songe à moi si tu es heureux, et si *elle* t'aime réellement, brûle tes toiles, brise tes pinceaux ; la vie entière, c'est un peu d'amour. Adieu...

— Mais, où vas-tu ? demanda Georges consterné.

— Que t'importe ! Je te promets de vivre... mais pas ici... Ici tout me parle d'elle...

Et Gaston clouant son ami d'un geste dans le fauteuil où il était, sortit et gagna la rue.

Le fiacre attendait :

— Petite rue du Bac, dit-il. Allons revoir ma mansarde, ajouta-t-il à demi-voix, c'est là que j'ai espéré !...

Le fiacre s'arrêta à la porte de l'hôtel garni tenu par madame Théo.

Gaston fut étonné de trouver le garçon et la servante levés :

— Nous avons un mort, dit le garçon.

— C'est donc un jour maudit ! murmura Gaston.

Allons, il me faut pour avoir la force de vivre contempler le trépas en face.

Et il monta à la chambre du père Aucher et s'arrêta sur le seuil.

Le vieillard avait été placé sur son lit et enseveli dans un drap bien blanc. Deux cierges brûlaient sur la table de nuit et, auprès, Pornic agenouillé récitait gravement les prières des morts.

Au bruit des pas du jeune homme, le gars tourna la tête, aperçut Gaston et jeta un cri.

Puis il courut à lui, le prit par la main, l'entraîna près du cadavre et lui dit gravement :

— Paul-Gaston, baron de Kerbrie, mettez-vous à genoux et priez pour votre père, M. le chevalier Georges de Kerbrie, qui vient de trépasser.

— Mon père ! s'écria Gaston.

— Votre père, répondit Pornic.

— Vous êtes fou !

— Les fous ne veillent pas les morts.

— Mais je ne m'appelle pas Kerbrie... Vous me raillez !

Pornic montra le cadavre de la main et dit :

— On ne raille pas ici.

Gaston fut frappé de l'accent solennel et de l'air de vérité de Pornic; il marcha droit au cadavre, et mettant la main sur le linceul :

— Mon père, dit-il, avait une large cicatrice sur la poitrine.

Et il arracha le linceul, découvrit la poitrine et recula...

La cicatrice existait sur la poitrine du père Aucher.

Alors ce pâle jeune homme dont la vie avait été partagée entre son amour et le désir de retrouver son père, — dont l'amour venait de se briser, et qui ne retrouvait de son père qu'un cadavre encore tiède, ce pâle jeune homme ne versa pas une larme, ne jeta pas un cri... il baisa le défunt sur la bouche et demanda :

— Comment et pourquoi mon père est-il mort?

Pornic raconta brièvement ce qui était arrivé.

— Et les papiers de mon père ? fit Gaston.

— Volés par madame de Willermez.

— Willermez! c'est faux.

— C'est vrai, dit Pornic.

— Tu mens ?

— Je n'ai jamais menti.

— Mais quel intérêt?

— Elle était la nièce de madame la baronne de Kerbrie.

Gaston prit son front dans ses deux mains.

— Je deviens fou, dit-il, je fais un rêve affreux !

— Un rêve ! murmura Pornic, plût à Dieu !

Mais comme tous deux se taisaient et qu'une larme jaillissait enfin des yeux de Gaston, un troisième personnage parut sur le seuil : c'était le nègre de madame de Willermoz.

Il s'avança, pâle et grave, vers Gaston, et lui tendant un rouleau de papiers et de parchemins :

— Voilà, dit-il, les titres du chevalier de Kerbrie, votre père.

XV.

Puisque tous nos héros prennent des chevaux de poste et courent à grandes guides sur le chemin de Kerbrie, si vous le voulez bien, ami lecteur, nous enfourcherons, nous aussi, cette cavale sans mors et sans frein que le temps et l'espace n'arrêtent jamais et que l'on nomme l'imagination.

Hop! prenez la croupe, piquons des deux... voilà Kerbrie!

Il avait vingt années de plus, le pauvre et vieux manoir. Vingt ans! — belle misère pour un rejeton des temps féodaux, — un solide et massif castel, que le plus ancien des Kerbrie, un baron couturé de coups d'épée, un croisé bronzé au soleil de la Palestine, avait construit à ses moments perdus : — entre deux invasions anglaises!

Il avait près de cinq siècles, ses murs étaient noirs, le lichen y croissait partout, et dans les sentiers bourbeux qui l'entouraient coassaient des crapauds centenaires.

— Que pouvaient lui faire ces vingt années de plus! — 'Eh bien! ces vingt années avaient pesé implacablement sur sa robuste échine, voulant justifier, sans doute, le vieux proverbe : « *Les jours sont des ans quand arrive la décrépitude.* » Les vieillards s'affaissent tout-à-coup et presque sans transition. Il en était de même du château de Kerbrie. Le jour où mourut madame la baronne, la dernière habitante, c'était encore une fière ruine debout et solidement attachée sur le roc, levant effrontément l'aiguille de son beffroi vers le ciel, contemplant avec majesté les humbles chaumières groupées à l'entour et les vastes plaines monotones qui formaient son domaine, et servant d'asile, des cuisines aux combles, à toute une population de serviteurs, d'animaux domestiques, de pigeons amoureux roucoulant de l'aurore au crépuscule sur les toits grisâtres : — on eût dit un de ces robustes châtelains qui portaient leur armure de fer jusqu'à cent ans passés et se couchaient dans leur cercueil sans agonie et l'épée à la main.

Mais dès ce jour aussi tout fut changé

dans ses antiques murailles, et sa vie s'éteignit en même temps qu'on descendait le corps de la baronne dans le caveau funéraire des barons ses devanciers.

Les serviteurs s'en allèrent, les chevaux qui piaffaient à l'écurie furent vendus, aucune main vigilante ne vint plus, chaque matin, ouvrir les grandes fenêtres à ogives aux opulents baisers du soleil; les ameublements sévères du règne de François Ier, les bahuts de chêne, les candélabres de Benvenuto, les dorures et les mignardises du règne de Louis XV ne furent plus garantis de la poussière, cette lèpre qui ronge avec l'aide du temps; — les fées de la grève ne trouvèrent plus au jour des Rois leur écuellée de grous sur le seuil; — le silence et la solitude, ce couple monstrueux que les poètes ont coutume de célébrer au milieu du bruit et de la foule, — le silence et la solitude arrivèrent, prirent possession du lieu, se couchèrent en travers de la porte et dirent :

— Voici notre domaine, enfin !

Les pigeons qui roucoulaient sur le toit eurent peur et s'enfuirent; des cigognes éplorées et de hideuses orfraies qui cherchaient une retraite s'emparèrent de leurs nids blancs et coquets : — Quasimodo, le cagneux, le bossu et le borgne, dans le lit de la Esméralda !

Et alors, les habitants des grèves bretonnes nommèrent Kerbrie le *Château désert*, les esprits et les fées de la lande lui jetèrent une malédiction en l'effleurant une dernière fois de leurs ailes blanches, — et alors encore, le pauvre manoir courbé sous cette double honte sentit chanceler ses vieilles assises, ses murs plièrent et se lézardèrent, son front altier se rida profondément, et le vent qui, aux nuits d'orage, s'engouffrait dans ses créneaux, en ressortit avec des plaintes plus lugubres.

La mer, sa vieille amie, qui baisait ses

pieds depuis cinq cents ans, lui murmura bien encore son monotone refrain, le lichen, cette herbe verte comme l'espérance, essaya bien encore de l'étreindre dans ses réseaux inextricables et de le soutenir sur ses racines nerveuses; — mais que sont une amie et un dernier rejeton, pour le vieillard qui a vu mourir nombreuses maîtresses et vigoureuse postérité ?

Kerbrie était vieux, Kerbrie n'avait plus de maîtres... Kerbrie s'en allait ! — c'est l'histoire du monde et surtout des peuples.

Pourtant, un beau matin, la herse rouillée du pont-levis s'abaissa, un homme à cheval, suivi d'une douzaine de paysans, entra dans la cour d'honneur et mit pied à terre au bas du grand perron.

Cet homme avait nom maître Kerkarakadec. Mais ce n'était point le bon vieillard naïf et timide, respectueux et important à la fois, caressant alternativement son abdomen et sa tabatière, clignant des yeux avec malice quand il débitait quelque sottise et ne prononçant jamais le nom de Kerbrie sans saluer jusqu'à terre.

Hélas! non : le digne tabellion, — superstitieux et loyal, peu versé dans la jurisprudence, mais honnête comme un coffre-fort, — dormait du dernier sommeil derrière l'église de Quimper, en un coin moussu du cimetière et sous l'ombrage d'un grand saule pleureur.

Le Kerkarakadec dont il s'agit aujourd'hui était un grand jeune homme blond et frisé, les moustaches enduites de cire, portant le gilet à la Robespierre, la redingote écourtée et le pantalon à guêtres de l'étudiant parisien, — monté sur un gros cheval normand, revêtu d'un selle anglaise et sautillant, au galop, sur la pointe de l'étrier, comme eût prétendu le faire maître Xénophon Bachelet, qui disait monter *à l'anglaise.*

Le père venait en habit noir au château de Kerbrie et enfoncé dans une bonne selle à la française, où il était solidement assis entre un arçon d'un pied de haut et des fontes bien garnies.

Le fils arrivait vêtu comme un comédien, perché sur une étroite assiette dépourvue de parachute; — de plus il portait des lunettes montées sur écaille ; — le progrès du dix-neuvième siècle avait passé par là.

Maître Kerkarakadec (Alphonse-Théodore-Truphême), arrivé du quartier latin l'année précédente, pour recueillir les minutes et l'héritage paternels, — venait à Kerbrie ce jour-là pour ouvrir les portes du manoir aux héritiers et collatéraux de madame la baronne Ermengarde-Honorée de Kerbrie, décédée le quinze septembre mil huit cent vingt, à cinq heures et demie du matin.

Le codicile de la baronne avait été scru-

puleusement observé : le testament, clos
vingt années, ne serait ouvert qu'après
l'expiration du délai prescrit.

Les quelques paysans qui l'accompagnaient, et parmi lesquels on voyait trois
ou quatre femmes, têtes grises ou blanches, pour la plupart du reste, étaient les
vieux serviteurs de Kerbrie.

Ils y étaient à peu près tous, ma foi !
depuis les pâtres et les dindonniers jusqu'aux filles de cuisine. La vieille Jeannon
Maclou, Yvon le valet de ferme, Pornic le
pâtre, Perrussin le sommelier, Bernard le
garde-chasse, Karnieuc l'intendant, manquaient seuls à ce premier rendez-vous.
Le reste, — les comparses, — était au
complet.

— Çà, les gars, dit maître Kerkarakadec d'une voix flûtée et avec un accent
parisien greffé sur le ton lent des Bretons,
çà, les gars, à l'œuvre ! il faut ouvrir portes et fenêtres, secouer les tapis, épousseter

les meubles, aérer les corridors et allumer du feu partout ! — Il doit faire froid à grelotter dans cette énorme bicoque...

L'insolent et le niais ! Il appelait Kerbrie une bicoque ! Jarni-Dieu ! un manoir qui datait des croisades !

— M'est avis, murmura une fille de cuisine qui avait jadis pour mission de préparer la béchamelle et le blanc-manger ordinaire de madame la baronne, m'est avis que nous ne serons pas tous ici.

— Qui, tous ? demanda un dindonnier, enfant au bon temps de Kerbrie et maintenant grand-père.

— Les héritiers, pardine !

— Bah ! qui sait ? fit un troisième.

— Et où donc qu'ils sont ? poursuivit la fille de cuisine avec volubilité. Où donc qu'ils sont ? le vieux Pelao et son gars Bernard ; et M. Karnieuc et le gros Perrussin ; et Pornic qu'est' allé servir z'en Afrique ; et Bachelet qui est cause qu'Yvon...

— Chut ! la vieille, murmura un pâtre.

— Enfin, suffit ! sans compter la petite Fleur-des-Genêts, cette jeunesse folle qui se fit *enrôber* (enlever) par un beau monsieur de Paris.

— Eh bien ! la vieille, fit un dindonnier, m'est avis que tout ça viendra de la grand'ville.

— Tais-toi, bêta.

— Allons ! gronda le jeune et blond Kerkarakadec, voulez-vous bien vous mettre à la besogne, tas de fainéants et de *jacassiers* !

La porte d'entrée tourna sur ses gonds rongés par la rouille, avec un bruit monotone, les autres furent ouvertes une à une et rendirent un son à peu près semblable, les contrevents furent repoussés avec fracas, et tout le monde s'éparpilla dans le manoir qui depuis vingt ans n'avait entendu retentir sur ses dalles humides et sous ses voûtes sombres que le pas chancelant de la vieille Maclou et du fermier chargé, après la mort mystérieuse de cette dernière, de visiter deux fois l'an l'antique demeure féodale.

En quelques heures le château fut à peu près déblayé, nettoyé, approprié; le chêne et le sapin petillèrent dans les vastes âtres, et la grande salle, la vieille salle d'armes où les anciens barons de Kerbrie recevaient, au jour de l'an, la visite de leurs féaux et vassaux, la salle d'honneur où ils traitaient les étrangers de distinction qui s'aventuraient en cet endroit perdu de la terre bretonne, avait été soigneusement dépouillée de cette couche de poussière, des toiles épaisses que dix générations d'araignées y avaient ourdies et de la croûte enfumée et visqueuse que l'humidité et le manque d'air avaient passée sur ses boiseries à bas-reliefs.

Au milieu de cette pièce immense à

tentures de soie et d'or, à meubles noircis et sévères, une table avait été dressée et chargée de la séculaire et lourde vaisselle plate du château.

Cette table attendait les nouveaux maîtres de Kerbrie.

En même temps, aux cuisines, un bœuf entier rôtissait devant un tronc de sapin entier pareillement.

Vers les six heures du soir environ une chaise de poste entra au galop dans la cour.

Le comte de Maucroix et la baronne de Willermez en descendirent.

—Jésus Dieu! la dame mignonne, murmura un dindonnier.

— Et le grand et bel homme, le beau monsieur! ajouta une servante à la vue du comte.

— M'est avis que c'est les nouveaux maîtres... ceux qui auront le gros lot, quoi!

— Taisez-vous donc, tas de sans-cœur ! exclama à mi-voix un vieux pâtre, tout ce monde-là n'est pas Kerbrie... Kerbrie ne viendra pas.

— Kerbrie est mort, vieux.

— Eh bien ! fit le pâtre avec chaleur et des larmes plein les yeux, puisque le recteur de Notre-Dame dit toujours que le bon Dieu fait des miracles, pourquoi donc qu'il ne ressuscite pas Kerbrie ?

— Mais puisque ce monsieur et cette dame sont les héritiers... c'est-y pas la même chose ?

— Non, murmura le pâtre; ça, ces gens de Paris, ça ne parle pas le breton, ça porte des souliers fins, ça dort jusqu'à midi... c'est feignant et propre à rien. — Ça ne ferait pas la guerre aux bleus comme Kerbrie, ça ne mourrait pas comme lui en criant : *Vive le roi* ! Allez, les gars, Dieu n'est pas juste... il a maudit le toit de Kerbrie !

Et le pâtre cacha son visage dans ses mains et pleura.

Quelques minutes après, une berline de voyage vint également s'arrêter au bas du perron et déposer un gros homme richement vêtu, ayant deux bagues à chaque doigt, portant jabot et s'appuyant avec importance sur un jonc à pomme d'or.

C'était maître Karnieuc, l'ex-intendant.

— Canaille! murmura une servante qui le reconnut. Tu as donc bien volé notre pauvre MADAME pour avoir une si belle voiture?

Puis après, arrivèrent M. et madame Théophraste Carnaud et le Bas-Normand Bachelet, cet homme si doux! — Et cette valetaille enrichie passa fièrement à travers la haie de ces nobles serviteurs restés pauvres et fidèles.

Enfin, et plus d'une heure après eux, un gros homme portant le costume d'un ouvrier parisien aisé, monté sur un bon cheval normand, ayant en poche une large sacoche d'eau-de-vie, fumant philosophiquement un brûle-gueule suant et noirci, fit son entrée dans la cour. — C'était Perrussin ; le digne fabricant de meubles antiques n'était point venu en poste, encore moins à franc-étrier : il avait loué un cheval et passé quatre jours en route, ne se pressant point, goûtant tous les crûs passables et devisant avec lui-même de choses et d'autres.

Perrussin, lui, descendit lourdement de cheval, pressa toutes les mains qu'on lui tendait et pleura de joie à chaque étreinte : — le bonhomme était ivre, et il avait le vin sensible.

C'était le quatorze au soir. Le testament serait ouvert le lendemain à midi et mis à exécution. D'ici là, il était urgent pour les cohéritiers de se reposer des fatigues d'une longue route et de réparer les dommages que causent d'ordinaire les voyages à l'estomac.

La table était dressée, nous l'avons dit, dans la salle d'honneur.

Les serviteurs devaient manger aux offices, maître Kerkarakadec, qui ne savait probablement pas qu'aux jours solennels les barons de Kerbrie admettaient les serviteurs à leur table, en avait ordonné ainsi.

Madame de Willermez, comme femme d'abord et ensuite comme principale héritière, s'assit au haut bout de la table, plaçant le comte de Maucroix à sa droite et maître Kerkarakadec à sa gauche.

Le citoyen Théo, qui avait été commis-voyageur, prit la meilleure place après eux. Puis vint sa respectable épouse mame Téophraste Carnaud, née Marguerite-Yvonne-Fleur-des-Genêts Bilain... et après, Bachelet qui assit sans sourciller et cavalièrement son habit bleu barbeau et son pantalon nankin dans un grand fauteuil armorié où s'était assise la dernière duchesse de Bretagne, la reine Anne, femme des rois Charles VIII, et Louis XII.

Quant à Karnieuc, il hésita un moment à se placer à la table de ses anciens maîtres et oublia que Louis-Philippe, le monarque dont le sceptre fut un parapluie et la couronne un chapeau gris, l'avait créé baron et chevalier de l'ordre de la Légion-d'Honneur.

Perrussin, s'il eût été à jeun, aurait pareillement hésité sans nul doute : mais il était ivre à ne pas tenir debout et le peu d'intelligence qu'il eût encore à son service se concentrait à cette heure sur un panier de bouteilles à goulot évidé qui venaient d'Aï en ligne directe et qu'on avait déposées sur un guéridon.

— Monsieur, dit alors madame de Willermez au notaire, tous les cohéritiers de la baronne de Kerbrie sont-ils présents au château ?

— Tous, hormi trois, répondit le notaire.

— Et lesquels?

— L'un se nomme Pornic. Les deux autres sont Jean Pelao et Bernard son fils.

— Bon! souffla madame de Willermez au comte, je ne sais si les deux autres viendront, mais quant à celui-là...

Elle n'acheva pas : — la porte s'ouvrit brusquement, et Bernard Pelao, pâle et le front ruisselant, entra, portant, comme Énée, son vieux père sur ses épaules!...

Le maître.

XVI.

Bernard s'avança lentement vers la table, prit un siége et y plaça son père. Puis il se tourna vers maître Kerkarakadec :

— Nous voici, monsieur le tabellion,

dit-il. Nous voulons, nous aussi, notre part d'héritage.

Madame de Willermez était devenue affreusement pâle à la vue de Bernard, un frisson convulsif l'agitait, et elle ne put dire un mot.

Mais Bernard ne leva pas même les yeux sur elle, il se mit à côté de son père et continua :

— Nous sommes bien hardis peut-être de nous venir asseoir à la table des barons de Kerbrie, mais les barons n'étaient pas fiers, et ils avaient coutume de dire : Serviteur en sarrau de serge vaut mieux qu'ennemi en pourpoint de velours.

— Tiens, dit Perrussin, qui, pour la première fois, quittait des yeux le panier de champagne, et venait d'apercevoir Bernard, te voilà, gars?

— Oui, dit Bernard, me voilà.

Puis il se tut, se servit et mangea sans

prononcer un parole. Le vieux Pelao se taisait également.

A l'exception de Perrussin, qui était ivre, tous les convives avaient été vivement impressionnés de l'arrivée soudaine de Bernard. Ce silence mystérieux et terrible, ce sang-froid plein de sombres menaces achevèrent de les glacer d'épouvante. Ils se regardèrent en frissonnant, et cette terreur fut partagée par le notaire qui, lui, aurait dû montrer de l'étonnement tout au plus.

Madame de Willermez, cette intelligence machiavélique; Bachelet, ce coquin sans honte, Karnieuc, ce banquier sans pudeur, hérissé de mépris pour la blouse du pauvre; le citoyen Théo, l'ex-marchand de contremarques, la plus effrontée des professions; M. de Maucroix lui-même, le centrier pétri de suffisance, le fat politique par excellence... ils étaient tous là muets et fascinés sous le regard calme et hautain, l'œil bleu et dominateur de cet homme, en costume d'ouvrier, qui les toisait avec mépris.

Maître Kerkarakadec, le tabellion blond et à lunettes, subissait pareillement cette influence. Quant à madame Carnaud, la Fleur-des-Genêts d'il y avait vingt ans, elle se souvenait de cette nuit terrible où Bernard avait failli l'étrangler avec les doigts noueux de Pornic : et elle tremblait, la pauvre femme chargée d'embonpoint, et elle était toute prête à s'évanouir sérieusement, elle qui avait si étrangement abusé de la syncope durant toute sa vie.

La terreur fermait tous les estomacs, les fourchettes ne fonctionnaient plus, les verres étaient vides ; seuls le vieux Pelao et son fils mangeaient et buvaient avec un sang-froid menaçant.

Perrussin, lui, regardait tout le monde avec son air stupide ; il cherchait à comprendre et ne comprenait pas.

Quand il eut apaisé sa faim et étanché

sa soif, Bernard se tourna vers le notaire :

— Monsieur le tabellion, dit-il, le testament de feu madame la baronne de Kerbrie, décédée le 15 septembre 1820, ne porte-t-il pas cette clause :

« Au cas où mon fils, le chevalier
» Georges de Kerbrie ou ses enfants, se
» présenteraient à l'ouverture de mon tes-
» tament, ledit testament sera de droit
» annulé. »

— Oui, dit machinalement le notaire.

— Très-bien, fit Bernard, en sorte que si le chevalier de Kerbrie se présentait...

Madame de Willermez, le comte, Karnieuc et Bachelet frissonnèrent.

— Cela n'est guère probable, murmura maître Kerkarakadec.

— Cela peut être, monsieur le tabellion.

En ce moment madame de Willermez retrouva son calme et son énergie :

— Cela est impossible, dit-elle tranquillement.

— Ah ! fit Bernard en levant sur elle son regard froid et tranchant. Et pourquoi ?

— Parce que le chevalier est mort.

— Ah ! continua Bernard toujours impassible, vous savez cela ?

— Mon Dieu ! répondit madame de Willer avec un sang-froid non moins grand, le chevalier a fait naufrage sur les côtes d'Afrique, il y a vingt ans.

— Je le sais, dit Bernard ; mais il n'est pas mort en ce moment-là.

— Vous croyez ? fit-elle ironiquement.

— J'en suis certain.

— Eh bien ! dit madame de Willermez simplement, voilà où vous êtes complétement dans l'erreur. Monsieur de Maucroix, montrez donc à monsieur l'acte mortuaire du chevalier de Kerbrie, extrait du livre de bord du brick les *Grandes-Indes* et qu'on vous a récemment expédié du Sénégal.

Le comte tendit un parchemin à Bernard, qui le prit, le lut avec une scrupuleuse attention, puis répondit, toujours avec son calme terrible :

— Cette pièce est fausse.

— Comment, fausse? s'cria la jeune femme.

— Sans doute. Le chevalier de Kerbrie est mort dans mes bras la nuit dernière.

Madame de Willermez se leva soudain, recula et exclama imprudemment :

— Il est donc mort !

— Vous le voyez, répondit Bernard avec une douceur menaçante, vous vous trahissez vous-même. Vous saviez bien que le chevalier n'était point mort en Afrique.

Madame de Willermez, interdite un moment, répondit :

— Qu'importe ! puisque vous-même vous avouez qu'il est mort.

— Oui, dit Bernard, mais il a un fils.

— Un fils? mensonge !

— Vérité, fit Bernard, et vous le savez bien, madame !

— Moi ?

— Oui, vous !

Et Bernard se croisa les bras sur la poitrine, se leva et vint se placer en face de madame de Willermez :

— Nous sommes à l'heure suprême, dit-il, et à cette heure-là il faut que l'usurpation croule devant le droit, le mensonge et l'astuce devant la vérité et l'honneur, la perfidie devant la loyauté !

Madame de Willermez se mit à rire :

— Que signifie tout cela ? dit-elle.

— Cela signifie, répondit Bernard, que le fils de Kerbrie est encore de ce monde, et que c'est à lui et non à vous que la fortune de ses pères appartient.

Un sourire ingénu passa sur les lèvres de madame de Willermez, et elle dit d'un ton de douceur angélique :

— Cela est tout naturel, si nous admettons son existence. Mais d'abord, ce fils existe-t-il ?

— Vous le savez aussi bien que moi, fit Bernard avec une expression de colère, car vous lui avez volé ses titres !

Ce mouvement d'irritation fut fatal à Bernard. L'homme perd sa force avec son sang-froid ; la colère est un signe évident de faiblesse. Madame de Willermez comprit à merveille l'avantage qu'il lui laissait prendre soudain, elle en profita et répondit en s'adressant à maître Kerkarakadec :

— Monsieur, vous êtes l'exécuteur testamentaire de madame la baronne de Kerbrie, ma grand'tante ; comme tel et jusqu'à l'heure où nous serons en possession de nos legs respectifs, vous êtes le seul maître ici, et c'est à vous que je m'adresse pour me faire respecter. Je suis la baronne de Willermez et l'accusation de vol portée contre moi est si monstrueuse, que je vous prie, monsieur, d'imposer silence à ce fou. J'admets volontiers la folie.

Et l'œil du spahis jeta des flammes.

— Monsieur Bernard Pelao, dit le notaire, vous êtes mû par une pensée généreuse sans doute, mais la folie vous égare, et vous êtes trompé peut-être par quelque aventurier...

Bernard attacha sur maître Kerkarakadec un regard profond.

— Monsieur le tabellion, dit-il, défunt votre père était réputé le plus honnête homme qu'il y eût sur la terre de Bretagne, de Brest à Châteaubriand, et de Vannes à Quimper. Le baron de Kerbrie lui confia la gestion de sa fortune entière pendant la guerre de la chouannerie, et il continua à l'administrer pendant tout le temps de l'émigration.

— Eh bien ? demanda le notaire troublé.

— Eh bien ! continua Bernard à qui le

sang-froid revenait graduellement, si vous vous écartiez des austères principes de votre père, vous seriez le premier Kerkarakadec qui faillirait à l'honneur ; car il y a des Kerkarakadec notaires depuis que les Kerbrie sont barons.

— Fou ! hurla Bernard dont l'irritation croissait.

— Cet homme, poursuivit madame de Willermez avec dédain, préfère-t-il une autre épithète ?

Ce dernier mot acheva de mettre Bernard hors des gonds.

— Oui, s'écria-t-il, vous lui avez volé ses titres, au fils de Kerbrie ! et vous ne le nierez point, car je vous les ai remis moi-même de confiance... on m'avait dit que vous étiez sa maîtresse !

— Ceci, dit froidement madame de Willermez, n'est plus de la folie, — c'est du délire.

— En effet, murmura le comte de Maucroix, jetez-moi cet homme à la porte.

— A la porte ! fit Bernard en se plaçant menaçant devant le député ventru. Essayez-y, vous !

Un rire de hyène glissa sur les lèvres de la jeune femme.

— Vous le voyez, monsieur, dit-elle au notaire, cet homme délire de plus en plus. Je ne me contente plus de voler, j'assassine !

— Je commence à vous croire, murmura maître Kerkarakadec à son tour, c'est de la folie.

Bernard attacha une fois encore son œil hautain sur le notaire.

— O race dégénérée ! s'écria-t-il, les pères étaient loyaux, les fils sont infâmes !

— Monsieur ! exclama le notaire blond vous m'insultez !

— Non, dit Bernard, je constate un fait.

Puis il alla se placer devant la porte

d'entrée, toisa tous ces coquins avec un dédain suprême et s'écria :

— Où est ce fils ?

— Madame pourra vous le dire sans doute.

— Monsieur, dit madame de Willermez en haussant les épaules, je vous ai prévenu... cet homme est fou.

— Eh bien ! dit Bernard, je demande la remise de l'exécution du testament.

— Pourquoi faire ? s'écria Bachelet frémissant.

— Toi, dit Bernard avec mépris, tu n'as pas le droit de parler dans la maison de tes maîtres. Tais-toi, valet !

Et le spahis appuya sa large et robuste main sur l'épaule du Normand, qui frissonna et se tut.

— La remise de l'exécution testamentaire est impossible, dit maître Kerkarakadec, les vingt ans expirent demain.

—Mais puisque le fils de Kerbrie existe !

— Qu'en savez-vous ? demanda impudemment madame de Willermez.

Bernard frémit.

— Vous l'avez tué, peut-être, murmura-t-il.

— Vos soupçons sont au moins injurieux, murmura le notaire blond est frisé dont le visage blémissait à vue d'œil.

— Je ne vous soupçonne pas, répondit Bernard, mais je m'adresse à la loyauté de votre nom pour que justice soit faite et pour que le fils de Kerbrie ne soit point dépouillé.

— Si le chevalier de Kerbrie existe... fit le notaire.

— Le chevalier est mort, je vous l'ai dit, mais il a un fils.

— Eh bien ! moi, je vous dis que Kerbrie ne sera point dépouillé par des collatéraux de mauvaise foi et un magistrat sans honneur et vendu ! Je ne suis qu'un ouvrier, je n'ai pour m'aider ni votre or, ni votre influence, mais si Dieu est juste, il me donnera la force de vous arracher l'héritage de mes vieux maîtres !

—Ah çà, demanda Perrussin, de plus en plus ivre, qu'est-ce que tu jacasses dont là, petiot ?

— Perrussin ! s'écria Bernard, vous êtes un honnête homme, vous ?

— Je m'en flatte, gars.

— Vous vous souvenez de Madame ?

— De la *vieille*, je crois ben !

— Tonnerre ! exclama le spahis en frappant de son poing sur un bahut qu'il brisa avec colère, tu oublies donc, double brute stupide, que celle que tu appelles la *vieille*, t'a nourri de son pain et abrité sous son toit ? Oh ! le siècle maudit, — la reconnaissance s'en va !

— Ne te fâche pas, petiot ! ne te fâche pas, dit Perrussin dont la voix devenait pâteuse, c'est pas manque de respect... enfin, suffit !

— Tout cela n'est que matière à phraser, dit à son tour le citoyen Théo qui, jusque-là, n'avait ouvert la bouche. Puisque le fils de Kerbrie existe, montrez-nous-le ; si vous ne le pouvez pas, c'est une preuve qu'il est mort.

Ces simples paroles effrayèrent bien plus Bernard que les exclamations du notaire, les impatiences aristocratiques du comte et le dédain superbe de madame de Willermez.

C'était d'une logique serrée et claire, et la sueur perla au front de Bernard :

— Mais, s'écria-t-il, Kerbrie n'est pas mort, j'en suis sûr !

— Bah ! murmura Bachelet songeant à la scène du théâtre, nous sommes tous mortels.

Le pourpre de la colère montait de nouveau au visage enflammé de Bernard ; il allait peut-être s'emporter encore, quand soudain le vieux Pelao, qui, sa faim apaisée, avait gagné le fauteuil où, vingt ans auparavant, il avait coutume de s'asseoir au coin de l'âtre ; quand le vieux Pelao, disons-nous, qui était demeuré spectateur indifférent de cette scène, se renversa en arrière, poussa un cri étouffé et murmura :

— Kerbrie ! Kerbrie !

A ce nom échappé à la bouche prophétique du somnambule les convives se retournèrent avec effroi, et Bernard bondit vers son père.

— Je le vois, dit le somnambule.

— Qui ? demanda Bernard.

— Lui ! Kerbrie ! le fils… le jeune homme pâle avec des moustaches brunes.

— Ah ! s'écria le spahis en respirant, elle ne l'a donc pas tué ?

— Je le vois, je le vois, continua le vieux Jean.

— Mais où est-il ? fit Bernard haletant.

— Il est dans une voiture... sur une grande route... la voiture roule comme une flèche... les chevaux font du feu avec leurs pieds... Il vient!

— Il vient! exclama Bernard; il vient ici?

— Oui... oui... je le sens... tout près...

Le somnambule se tut et sembla prêter l'oreille. Et en effet, au milieu du silence qui s'était soudain établi, on entendit comme un roulement lointain, et Bernard se précipita vers une des croisées de la salle, l'ouvrit brusquement et plongea son regard dans la nuit... car la nuit était venue!

Soudain il poussa une exclamation de joie.

— C'est une chaise de poste, fit-il; je vois la lumière des fanaux, j'entends le grelot des chevaux, le fouet du postillon... ils montent la côte au grand trot... C'est Kerbrie!

Et, quittant la fenêtre, il s'élança vers

la porte. Sur le seuil il se retourna, promena un regard de triomphe sur tous ces convives muets et glacés, les cheveux hérissés de terreur, et leur jeta comme un défi ces paroles :

— Voici le maître ! valets félons et collatéraux avides, préparez-vous à sortir, le fouet du maître va vous chasser !

Et il s'élança dans l'escalier et disparut comme ces apparitions fatales que dans les contes germaniques on voit arriver au milieu d'un joyeux festin, qui étendent leurs mains livides sur la tête des convives, les marquent lentement pour un prochain trépas, puis gagnent la porte et se perdent dans l'ombre sans qu'une voix humaine ait pu se faire jour dans tous ces gosiers pétrifiés et jaillir de ces lèvres serrées par la terreur, sans qu'un bras se soit étendu pour les retenir, sans qu'un regard se soit levé sur elles pour implorer et demander grâce !

XVII.

Il nous faut maintenant, avant d'aller plus loin, expliquer l'arrivée subite de Gaston, — car c'était bien lui qui venait dans cette chaise de poste montant au grand trot la côte rapide qui conduisait à Kerbrie.

L'apparition subite du nègre sur le seuil de cette chambre mortuaire et à pareille heure, produisit sur Gaston une vive impression d'étonnement.

Ce nègre, il le connaissait, c'était le valet de chambre et madame de Willermez.

— Mais quels étaient ces papiers et comment les avait-il en sa possession ? — Là commençait l'énigme et, sans nul doute, cette question fût sortie la première de la bouche du poète, s'il eût été de sang-froid.

Mais il ne l'était pas, à cette heure, et son premier mouvement fut de saisir le rouleau avec avidité, de briser le fil de soie qui l'entourait et de parcourir des yeux les diverses pièces qui en faisaient partie.

Pour ce faire, il alla silencieusement s'asseoir dans un coin.

Il est peu de nos lecteurs, sans doute, qui n'aient remarqué que la lecture rend un peu de sang-froid aux natures les plus bouleversées.

A mesure que Gaston parcourait les parchemins de son père, le calme renaissait dans son esprit. Il trouva successivement son extrait de naissance, celui de sa mère et de sa sœur, il se souvint peu à peu des prénoms qu'ils portaient tous trois ; et puis, une grande lumière se faisant tout-à-coup dans son cerveau, il alla brusquement au lit, découvrit une seconde fois le mort, le contempla longtemps et silencieusement, et s'écria enfin :

— Mon père ! mon père ! c'est bien toi !

Et alors ses larmes contenus se firent jour et jaillirent brûlantes ; les sanglots comprimés qui brisaient sa poitrine éclatèrent soudain ; il baisa le cadavre sur la bouche, couvrit ses mains froides de pleurs et s'abîma en une douleur sombre.

Mais le nègre, qui se tenait debout, impassible et muet comme le spectre de la vengeance, le secoua rudement par le bras et lui dit :

— Et ton héritage ? ton nom ?

— Mon nom ? fit Gaston, je le connais et je le porterai. Quant à mon héritage...

— On le vole à cette heure, s'écria Pornic.

Gaston se redressa l'œil étincelant.

— Et qui donc ? exclama-t-il.

— Madame de Willermez, répondit le nègre.

— C'est faux ! répéta Gaston.

— C'est vrai, dit le nègre.

Le jeune héritier des Kerbrie regarda tour-à-tour et lentement ces deux hommes. Il plongea son œil ardent et investigateur au plus profond de leur pensée, s'assura de leur conviction enracinée et de leur sincérité, puis se tut une minute.

Alors, le voile qui pesait sur lui et l'étreignait de ses plis opaques se déchira tout-à-coup; son amour rebuté, joué, foulé aux pieds, ses souffrances habilement ménagées, ses déceptions savamment amenées, le sourire infernal et railleur de cette femme, tout, jusqu'à ce soufflet moral qu'elle avait appliqué sur sa joue deux heures auparavant, passèrent comme un tourbillon dans son esprit et se déroulèrent successivement : la lumière se fit, il comprit tout !

— Oh! s'écria-t-il, cette femme est donc un monstre !

Un éclat de rire sauvage, strident, sombrement railleur, un rire de Méphistophélès, lui répondit...

C'était le nègre qui l'avait poussé.

— Ah! s'écria-t-il, vous voulez savoir ce qu'est cette femme? Eh bien! je vais vous le dire!

Gaston prit un siége, se plaça dessus à

l'*officière*, appuya sa tête dans ses mains et dit :

— Je vous écoute ; mais parlez vite, car la vengeance bouillonne en moi et monte de mon cœur à ma tête !.

— Savez-vous le créole ? demanda le noir.

— Oui, fit Gaston.

— Alors, je vous parlerai créole, je m'exprimerai mieux.

Nos lecteurs ne connaissent probablement pas cet idiome, parfois bizarre et traînant, parfois animé et rapide, des mers indiennes ; nous sommes donc obligé de traduire ; mais nous laisserons au récit du noir sa forme étrange et son style imagé.

XVIII.

Je me nomme Neptune; mon père était roi d'une grande contrée, là-bas à l'extrémité de l'Afrique.

Un matin, les voiles blanches d'un navire se dessinèrent à l'horizon : les blancs venaient.

Ils venaient, les cruels et les impitoyables, pour s'approvisionner de *bois d'ébène*; ils nous appellent ainsi, parce notre peau est sombre comme la nuit. Mon père était un grand roi ; il était vaillant au combat, sage aux veillées du bivouac ; mais il aimait l'*eau de feu*. — Il l'aimait plus que son fusil, plus que ses femmes, plus que ses chiens et ses troupeaux ; il l'aimait plus que son cheval ! C'était étrange !

Les blancs vinrent.

Ils avaient, les maudits, fait une ample provision d'*eau de feu ;* ils avaient entassé des barils sur le pont, dans la cale... partout !

Ils dirent à mon père :

— Trois noirs pour un baril !

Mon père répondit :

— Je n'en veux donner que deux.

— Non, dirent les blancs, l'*eau de feu* est chère.

— Eh bien ! soit, dit mon père,

Et il leur donna six esclaves que nous avions pris à la guerre, et après eux trois de ses femmes, et encore après deux de ses frères, et puis quatre de ses pasteurs.

Les blancs lui donnèrent cinq barils d'*eau de feu*, et dirent :

— N'as-tu donc plus de noirs ?

— Non, dit tristement mon père en regardant les autres barils qui encombraient le pont.

En ce moment, je revenais de la chasse; mes épaules étaient chargées d'un buffle énorme, et mes épaules ne pliaient pas.

Le chef des blancs me regarda longtemps ; il s'approcha de moi, palpa mes membres, examina mes muscles et dit à mon père :

— Et celui-là ?

— Celui-là, dit mon père, c'est mon fils ; il sera roi quand je serai mort.

Le blanc prit une coupe, la remplit d'*eau de feu* et la passa à mon père.

— Vends-moi ton fils, dit-il.

— Non, dit mon père.

Mais il tendit la coupe une seconde fois ; le blanc la remplit et continua :

— Trois barils d'*eau de feu* pour lui seul.

Mon père tendit une troisième fois la coupe.

— Ce n'est pas assez, dit-il.

J'étais le plus vaillant de ma tribu, — mais j'eus peur.

— Eh bien ! fit le blanc, six barils...

Mon père tendit encore sa coupe.

— Un fils de roi, c'est cher, murmura-t-il.

— Douze ! s'écria le blanc.

Mon père hésita encore, plus il dit :

— Quinze ?

— Soit, dit le blanc.

Alors, je me pris à trembler, et j'allai m'agenouiller aux pieds de mon père.

— Je suis ton seul fils, dis-je, et si les blancs m'emmènent, qui donc te succèdera et portera le fusil de guerre qui commande aux autres?

Mais mon père buvait et ne m'écoutait pas.

— Il entonna un chant de guerre, et je poussai un cri de terreur!...

Quand mon père entonnait son chant de guerre, il était ivre.

Les blancs me garrottèrent, m'emportèrent rugissant sur leur navire, — et deux heures après j'étais esclave.

Un fils de roi!

Le nègre s'interrompit pour rire de son rire navrant et sauvage.

Mon maître était beau, il était jeune,

il avait huit cents noirs sur la côte de Coromandel... mon maître était méchant!

Parmi ses esclaves, il avait une jeune fille presque aussi belle que lui. Sa mère était noire, son père était blanc : — elle était de la couleur du soleil qui se couche.

Ses dents étaient d'ivoire, ses cheveux luisants et bleus comme le manteau de la nuit indienne, — son sein était poli et palpitant comme la mer qui s'éveille au souffle de la brise du matin ; — ses yeux brillaient comme les saphirs du ciel, et quand elle les tournait vers moi, je ne regrettais plus mon pays ni les nuits d'alerte passées éveillé près de l'ennemi, ni mes chiens qui léchaient mes pieds nus, ni mon fusil qui portait la balle aussi loin que l'oiseau étend son vol, ni mon père le vaillant, mon père qui était un grand roi!

Elle se nommait Vénus! — Un jour je lui demandai la signification de ce mot.

— Le maître, dit-elle, prétend que cela veut dire la plus belle entre toutes.

Je la regardai comme mes chiens me regardaient autrefois et je lui dis :

— Tu es bien nommée, tu es la plus belle entre toutes !

Elle montra ses dents blanches en un rire charmant et me dit :

— Que t'importe !

— Écoute, continuai-je, mon père est un grand roi sur la terre d'Afrique, veux-tu fuir avec moi, nous y retournerons et je te ferai reine ?

— Non, fit-elle, j'en aime un autre !

Je pris mon front à deux mains pour l'empêcher de s'enflammer ; je regardai Vénus avec colère et je m'écriai :

— Je veux le tuer !

— Alors, dit-elle, je mourrai !

Je me couchai près d'elle comme un chien, je pris dans mes mains ses petits pieds, et je lui dis :

— Je ne le tuerai pas.

Elle mit ses lèvres sur mon front :

— Tu es mon frère, répondit-elle.

J'étais son frère comme elle le disait ; mais quand, le soir, elle s'en allait et quittait la case où tout le jour j'avais pleuré sur ses pieds nus, — mes larmes devenaient du sang et j'avais comme un fer rouge dans le cœur... Un jour, je la suivis... Savez-vous qui c'était ? — c'était le maître !

J'avais toujours espéré qu'elle ne l'aimerait plus et que mes sanglots monteraient jusqu'à son cœur... alors je n'espérai plus... car il était blanc, il était beau, et puis c'était le maître !

Et c'est pour cela que mes cheveux devinrent blancs et que je ressemblai à un vieillard quand j'étais encore aussi jeune et aussi robuste que le serpent dont les anneaux n'ont point jauni.

J'aimais toujours Vénus, mais je ne le

lui disais plus ; je l'appelais «*ma sœur*», et quand elle répondait «*mon frère*», je souriais et ce sourire me faisait mal.

Le maître avait une femme, une femme pâle comme lui, avec des cheveux de la couleur du soleil levant; elle était belle aussi et je me disais souvent :

— Pourquoi ne me laisse-t-il pas Vénus?

Mais Vénus était si belle!

Il arriva que le Dieu de la fécondité versa sur elles deux et à la même époque un rayon de son œil brûlant : toutes les deux devinrent mères...

Et à ce passage de son récit, le nègre entonna son étrange chanson :

L'une est blanche,
L'autre est brune,
Celle-ci ressemble à la lune,
Celle-là ressemble à la nuit.
Mais toutes deux ont mis au monde
Une belle enfant brune et blonde...
La plus belle vient de la nuit.

Elles étaient blanches toutes deux, blanches comme du lait, roses comme les fruits bénis que le soleil de mon pays féconde.

Le maître était sans pitié : — quand il avait parlé, il fallait obéir ! — Le fouet était là !

Il dit à Vénus :

— Tu seras la nourrice !

Vénus s'indigna et répondit :

— Je ne veux pas nourrir l'enfant de ma rivale.

— Je le veux ! dit le maître. Prends garde à mon fouet !

— Frappe ! dit Vénus.

— Non, répondit le maître, mais je ne t'aimerai plus.

Vénus baissa la tête et dit en pleurant :

— J'obéirai.

Et elle mit les deux petites filles blanches et roses dans le même berceau, et ce fut moi qui les endormis chaque soir avec une chanson de mon pays,—une chanson de mon père le grand roi, qu'il chantait après son hymne de guerre lorsqu'il avait bu de l'*eau de feu.*

Les deux petites filles se ressemblaient, un œil étranger n'aurait pu dire laquelle était l'enfant de la femme blanche et pâle... Mais Vénus le savait, elle, — elle donnait toujours la mamelle droite à la sienne, la gauche à l'enfant de malheur !

Une nuit, elles dormaient l'une et l'autre, je venais de finir ma chanson, les cases étaient silencieuses et les tigres parlaient d'amour, avec leur voix d'orage, au fond des grands bois. Vénus regardait les deux enfants ; et, quand son œil s'attachait sur celle de la femme pâle, il flamboyait de colère ; quand il se reposait sur la sienne, il était humide d'amour.

Tout-à-coup elle me prit par le bras, m'entraîna vers le berceau et me dit :

— Se ressemblent-elles bien ?

— Oui, répondis-je.

— Pourrait-on se tromper?

— D'autres que toi et moi, oui.

— Crois-tu ?

— Je le crois.

— Alors, dit-elle, ma fille sera riche et maîtresse ! ma fille sera blanche !

Et comme je la regardais sans comprendre, elle prit l'enfant de la femme pâle, l'appuya contre sa poitrine, la serra longtemps avec fureur et la rejeta dans le berceau...

Elle l'avait étouffée.

Le lendemain, quand le maître vint, Vénus pleurait. Ses larmes coulaient sur ses joues comme deux cascades dans les forêts ; elle tordait ses beaux cheveux avec ses mains crispées, elle se roulait sur le sable en poussant des cris ; on eût dit la tigresse, quand le chasseur lui a volé ses petits !

— Qu'as-tu ? dit le maître.

— J'ai, fit-elle en continuant à pleurer, j'ai que j'ai etouffé mon enfant en dormant.

— Est-ce bien la tienne ? demanda le maître.

— Oui, dit-elle, c'est la mienne...

— Alors, fit-il, il n'y a pas grand mal.
Et il s'en alla.

Sur le seuil de la case, il se retourna vers elle.

— Maintenant, dit-il, prends garde d'étouffer la mienne, car si cela t'arrive, tu n'auras pas assez de lambeaux de chair à donner aux lanières de mon fouet !

— Je l'aimerai comme mon enfant ! répondit Vénus en la prenant dans ses bras et la couvrant de baisers.

Quand le maître fut parti, quand il fut bien loin, Vénus essuya ses larmes, éteignit ses cris, se mit à sourire et murmura :

— Ma fille sera blanche ! On l'élèvera

comme l'enfant de la femme pâle ! Elle sera maîtresse ! elle le sera !

Puis elle vint à moi.

— Chante, me dit-elle, chante une chanson de ton pays !...

Je me mis à chanter, — elle, alors, elle se prit à danser de joie, tenant l'enfant dans ses bras, l'embrassant et répétant :

— Tu seras blanche et maîtresse ! tu le seras !

Le soir on enterra dans un coin l'enfant de la femme pâle ; le maître ne pleura pas. Alors Vénus me prit par la main et me dit :

— Il est méchant, le maître.

— Oui, répondis-je. Veux-tu que je le tue ?

— Non, mais je ne l'aimerai plus !

— Et moi ? demandai-je.

Je ne sais pas ce qu'elle me répondit, mais il me sembla que le Dieu qui préside aux félicités du Paradis jetait sur moi son manteau bleu et blanc et répandait sur ma tête une fiole de parfums !

———

Et le nègre s'interrompit une fois encore pour éclater de rire.

Seulement, son accent était moins sauvage ; c'était un souvenir d'amour qui traversait les brumes du passé et se traduisait par un sourire presque doux !

— C'est horrible ! murmura Gaston. En sorte que l'enfant de Vénus, c'est madame de Willermez ?

— Attendez donc ! fit le nègre, vous allez voir.

Et le rire reparut strident et féroce sur ses lèvres épaisses...

XIX.

— Attendez ! fit le nègre avec son rire féroce, vous allez voir...

Pornic ne comprenait pas l'idome créole, mais aux gestes animés, au sourire, à l'expression sinistre du noir, il devinait le drame que ce dernier allait raconter.

Gaston aussi était anxieux, mais son anxiété n'était point celle du spectateur bénévole qui assiste à quelque représentation lugubre du théâtre de la Gaîté; son anxiété était d'autant plus poignante, que cette femme, dont, à cette heure, on mettait à nu les crimes, il l'avait aimée durant quatre années.

Le nègre réfléchit un moment, puis il reprit :

— Le maître était dur, il regardait la chair noire comme du bétail ; il ne lui épargnait ni les coups ni les injures, et Vénus n'avait été pour lui qu'un jouet ; mais il avait un orgueil indomptable ; il tenait à sa race et il éleva son enfant avec la plus vive sollicitude.

La femme pâle se prit d'amour pour cette fille qu'elle croyait la sienne, elle l'environna de tendresse et de soins, et l'éleva en enfant gâté.

Quand elle eut quinze ans, les planteurs de la côte arrivèrent de toute part. Elle était belle, elle était riche...

Les planètes ont coutume de se grouper autour du soleil.

Vénus voyait tout cela, elle souriait, elle était heureuse et fière :

— Mais elle ne sait pas que tu es sa mère? lui dis-je un jour.

— Qu'importe! répondit-elle, puisque je la suis.

Et les années passaient, et Vénus ne regrettait point sa beauté que le Temps, ce dieu grisâtre, emportait sur son aile chauve. — Sa fille était belle ! mais en même temps que belle, cette enfant avait de mauvais instincts : elle ressemblait à son père, elle n'avait pas de cœur.

Vénus la couvrait de baisers, jamais elle

ne lui rendait une caresse. Elle était froide comme l'écaille du boa.

Depuis qu'elle n'était plus nourrice et que le maître ne l'aidait plus, Vénus était rendue aux rudes travaux des pauvres noirs; elle passait sa vie à tresser des nattes et à faire des ouvrages de jonc : la nuit, je venais l'aider, et j'avançais sa besogne du lendemain.

Le maître s'en aperçut, il me fit fouetter. Je reçus le fouet et je continuai dès la nuit suivante; mais il m'avait fait épier, et le lendemain il me dit:

— Ce n'est plus toi qui seras battu...

— Qui donc? demandai-je.

— Elle, me répondit-il.

Vénus était dans la plantation de cotonniers, elle ne devait être fouttée qu'à son retour. Je courus à l'habitation, je pénétrai jusque dans la chambre de la petite; je me jetai à ses genoux et je lui dis:

— Le maître veut faire fouetter Vénus, demandez grâce au maître.

— Mon père ne fait pas grâce.

— Mais c'est votre nourrice...

— Qu'importe! si elle mérite un châtiment...

Je m'en allai désespéré ; je rencontrai le maître :

— Faites-moi fouetter deux fois, lui dis-je, mais pardonnez à Vénus.

— Vénus sera fouettée, répondit-il durement.

Et, en effet, à l'heure où le repos de midi ramenait les noirs à la case, tandis que le tigre dormait, que le bengali se taisait dans les buissons, quand tout avait besoin de fermer les yeux sous l'œil ardent du soleil, Vénus fut liée à un arbre, le maître appliqua le premier coup de fouet, deux noirs vinrent après lui et ne s'arrêtèrent que lorsque la chair meurtrie et arrachée eut garni les lanières de lambeaux sanglants.

On emporta Vénus évanouie : elle eut le délire pendant toute une lune. Durant tout ce temps elle parlait sans cesse de sa fille, elle collait sur ses lèvres une boucle de ses cheveux noirs, elle étreignait sur sa poitrine un ruban fané que la jeune fille lui avait donné un jour.

Et quand la raison lui fut revenue, j'eus pitié de la pauvre mère et je ne lui dis point que sa fille m'avait refusé sa grâce.

Parmi les blancs qui aimaient Laurence, ainsi nommait-on la fille de Vénus, il y avait un général qui était riche et puissant auprès de la Compagnie des Indes qu'il avait servie longtemps.

Il était vieux, il était laid, elle ne pouvait l'aimer, mais elle l'accepta pour époux. Pourquoi? je ne l'ai jamais bien compris.

Je me souviens encore, et je m'en souviendrai tant que le soleil, du matin au soir, traversera la nappe bleue du ciel, je me souviens encore de la fête qui suivit le mariage.

L'habitation était tout illuminée, les grands arbres étoilés de girandoles, les salles et les corridors remplis de fleurs... La joie était partout, même chez nous, les pauvres noirs, car le maître s'était, pour un jour, relâché de sa dureté, et il nous avait fait donner une double ration de riz et de sucre... On dansait depuis le coucher du soleil sous les grands arbres, tous les planteurs des environs avaient été invités ; il y avait un essaim de femmes pâles que le dieu des félicités semblait avoir versées du haut du paradis sur la terre ; il y avait de jeunes blancs beaux et forts comme les noirs de mon pays.

Et la musique les entraînait dans son étourdissant tourbillon, et la pelouse verte qu'ils foulaient semblait une immense corbeille de fleurs qui, détachées de la terre qui les retenait captives, s'enlaçaient et valsaient pour jouir une heure des enivrements du mouvement qui n'appartient qu'aux êtres animés.

Mais au milieu d'elles, au milieu de tous, brillait Laurence...

Laurence, qui tournait légère et souple, belle et hardie comme une jeune tigresse, aux bras de son danseur éperdu... les fureurs et les mugissements harmonieux de l'orchestre, la pluie de roses que les noirs répandaient du faîte des arbres, les parfums qu'ils brûlaient non loin de la pelouse, l'animaient et donnaient à ses moindres mouvements une grâce infinie. C'était plus qu'une femme pâle, c'était l'épouse du dieu des plaisirs qui venait présider à la fête.

Et Vénus, cachée derrière un tronc d'arbre, Vénus, haletante d'enthousiasme, frissonnante d'amour maternel, la dévorait du regard et souriait éperdue... et comme les joies de Vénus étaient mes joies, comme son sourire faisait naître le mien, comme mon cœur bondissait quand le bonheur faisait battre le sien, je la regardais, moi aussi, et je l'aimais en ce moment, oubliant qu'elle était la fille du maître et non la mienne.

Il vint un instant où la fatigue gagna ses pieds mignons et monta jusqu'à son front enflammé, — un instant où abandonnant la main de son cavalier elle se réfugia sous les massifs épais du parc, et s'enfuit pour aller se coucher émue et palpipante au plus profond d'un bouquet de mancenilliers.

Vénus la suivit.

Elle arriva au moment où la jeune femme arrondissait ses bras nus autour de sa tête et s'en composait un oreiller blanc : elle se précipita sur elle, l'étreignit sur son cœur et la couvrit de baisers ardents.

Alors la prudente et sublime abnégation de la pauvre mulâtresse disparut, le cœur de la mère éclata, et elle l'appela *ma fille*!

La jeune femme leva sur elle un regard étonné :

— Es-tu folle, nourrice? dit-elle.

— Non, répondit Vénus avec enthousiasme, non je ne suis point folle... tu es bien ma fille !

— Votre fille? fit-elle avec dédain, la fille d'une femme de couleur !

— Oui, dit la pauvre mère se méprenant à cet accent, oui, ma fille, ma fille adorée... Écoute, je vais tout te dire...

Et l'insensée lui raconta ce qu'elle avait fait, ce qu'elle avait souffert, son silence poignant, ses navrantes douleurs, — et ses joies secrètes, ses extases naïves quand tous murmuraient qu'elle était belle... et puis encore ses rêves de bonheur et d'ambition pour elle, son orgueil de la voir traitée comme une femme entièrement blanche...

Et en parlant, la folle créature riait et pleurait, s'interrompant pour baiser les bras nus et les pieds chaussé de soie de Laurence.

Et Laurence, redevenue impassible et froide, l'écoutait, et au frémissement de ses lèvres je devinais la sourde colère qui lui brisait le cœur... car j'étais là, moi, là à deux pas d'elles, derrière un arbre. Alors, comme j'avais peur pour Vénus, je m'enfuis, je courus jusqu'à la case où les noirs pendaient les fusils qui nous servaient pour la chasse au tigre, j'en pris un et je revins avec la rapidité de l'éclair !...

Mais il était trop tard !

Aucun baiser ne bruissait plus sous le feuillage épais des mancenilliers ; Laurence était debout, pâle et muette, tenant à la main un petit poignard malais.

Vénus était couchée sur le sol et se débattait dans les dernières convulsions de l'agonie.

Au bruit de mes pas, Laurence s'enfuit. J'arrivai près de Vénus... Aucune tache sanglante ne maculait sa robe; le poignard de sa fille était vierge, mais auprès d'elle gisait la moitié d'une pomme de mancenillier, ce poison qui foudroie, et cette pomme portait encore l'empreinte de ses dents.

— Que s'était-il passé ? — Je ne l'ai jamais su, mais je l'ai deviné : Laurence avait pris une pomme, l'avait présentée à sa mère, et armée de son poignard, lui avait dit :

— Mange ou je te tue !

Vénus avait mordu le fruit fatal.

Je ne poussai pas un cri, mais je portai à mon épaule la crosse de mon fusil, j'ajustai la robe blanche de Laurence, prête à disparaître derrière les arbres, et je mis le doigt sur la détente...

Le nègre s'arrêta et se mit à rire.

— Eh bien! demanda Gaston emporté par l'anxiété. Eh bien! fites-vous feu?

— Non, dit le nègre, elle serait morte trop vite! la balle ne fait pas souffrir!

XX.

Ce récit étrange avait produit sur Gaston l'effet de ces narcotiques violents qui plongent le corps et l'esprit en une torpeur douloureuse.

Cette Laurence qui avait empoisonné sa

mère, c'était la Laurence qu'il avait aimée, en qui il avait cru; le but premier de ses rêves et de ses vœux...

Ces mots expliquent tout.

Il demeura, durant quelques minutes, en proie à ce pénible état de souffrance, étreignant son front dans ses mains.

Mais Pornic était là, Pornic veillait sur le fils, comme il veillait sur le cadavre du père, il prit Gaston par le bras, le secoua vivement et lui dit :

— C'est aujourd'hui le quatorze septembre, et demain vous serez déshérité !

Gaston bondit sur ses pieds.

— Oh! s'écria-t-il, je veux me venger... et il faut de l'or pour cela : à moi, Kerbrie !

Alors, une fois encore, il promena son regard enflammé et fiévreux du visage impassible et morne du nègre au visage crispé de son père mort, puis il le reporta sur le nègre, et lui dit :

— Pourquoi m'avez-vous remis ces papiers?

— Pour me venger, dit-il avec son rire féroce.

— Et c'est là toute votre vengeance?

— Attendez... fit-il avec un ricanement de démon, plus tard... plus tard...

Gaston porta de nouveau la main à son front :

— Je fais un rêve affreux, murmura-t-il.

En ce moment, le jour naissant pénétrant à travers les persiennes vint faire pâlir l'éclat rougeâtre des cierges qui brûlaient près du lit mortuaire; ce bruit monotone et confus qui se révèle au matin et bourdonne au-dessus de la grande cité qui s'éveille commençait à se faire entendre, et les voitures de maraîchers roulaient dans le lointain sur le pavé bruyant des rues de Sèvres et de Vaugirard.

— Allons? dit Pornic, en route!

— C'est juste, fit Gaston, mais...

Il hésita et il montra du doigt son père.

— Votre père, dit Pornic, je le veillerai jusqu'à ce soir, puis je le ferai embaumer, et quand vous reviendrez, nous lui ferons des funérailles comme il convient à un Kerbrie.

Gaston s'agenouilla près du cadavre, récita une courte prière que sa mère lui avait apprise jadis, — la seule peut-être qu'il n'eût point oubliée au milieu de l'existence païenne et sceptique de Paris, — et après cette prière, il murmura :

— Pauvre père !... nous nous sommes cherchés longtemps... pourquoi ne m'as-tu point revu ? pourquoi mes mains n'ont-elles point fermé tes yeux ?

— Allons ! s'écria Pornic impatient ; il faut une journée pour aller à Kerbrie..... Heureusement, ajouta-t-il, monsieur Bernard a de l'avance, et il arrivera avant nous.

— Qu'est-ce que monsieur Bernard?

— Monsieur Bernard, dit Pornic, c'est celui qui alla chez vous autrefois... rue de Labruyère... un grand brun, décoré, le fils de Pelao.

— Oh! murmura Gaston, je me souviens... et moi qui l'ai pris pour un fou!

— M'est avis, fit simplement Pornic, que sans lui nous ne vous eussions jamais retrouvé, c'est lui qui a tout fait...

Le pauvre et brave Pornic, Pornic le modeste, se mettait complétement en dehors du succès et comptait pour rien ses fatigues, ses ruses et sa blessure.

Naïf Breton!

— Mais, fit Gaston, il faut que j'aille chez moi chercher de l'or; il me faut, en outre, une chaise de poste, des chevaux.

— Une chaise de poste attend dans la rue, répondit le nègre ; les relais sont préparés sur toute la route.

— Et quant à de l'or, fit Pornic, je n'en ai pas, mais j'ai toujours sur moi, depuis que nous vous cherchons, une centaine d'écus. Ce sont nos économies, à monsieur Bernard et à moi... et ça peut servir.

Pornic souleva sa blouse et déboucla une bonne ceinture de cuir passablement gonflée.

— Voilà, notre maître, dit-il ; puisque notre vie et notre sang appartiennent à Kerbrie, pourquoi n'aurait-il pas aussi notre argent ?

— C'est juste, répondit simplement Gaston, acceptant avec grandeur cette offrande faite noblement.

— Adieu, mon père, ajouta-t-il en jetant un dernier regard au mort..... Adieu !...

Et il s'élança dans l'escalier, gagna, suivi du nègre, la chaise de poste et y monta.

— Route de Bretagne! dit le nègre, qui s'éloigna dans une direction opposée.

— Laurence! murmura Gaston, tandis que la chaise s'ébranlait, Laurence!..... à nous deux! je me nomme Kerbrie!

XXI.

La chaise traversa Paris au grand trot et gagna le chemin de fer de Rouen, où elle fut enrayée pour le convoi de cinq heures du matin. Madame de Willermez était partie par celui de deux heures avec le comte, Karnieuc, Bachelet et les Théo.

A Rouen, Gaston apprit qu'elle s'était arrêtée deux heures. C'étaient deux heures de gagnées; il prit des chevaux et repartit sur-le-champ.

Que se passait-il dans la tête et le cœur de notre héros? Nul ne pourrait le dire, à coup sûr; la douleur et la colère s'y alternaient sans doute, car tantôt une larme, larme amère qu'engendre un grand espoir brisé, roulait lentement sur sa joue, tantôt son front se plissait, ses lèvres se crispaient sous l'étreinte d'une rage muette.

Et puis encore, comme la douleur a son âcre volupté, au milieu de ses tortures morales, il avait parfois un sourire. Dans ce sourire, l'égoïsme humain reparaissait, et l'ambition montait de son cœur à sa tête. Il était broyé d'une part; de l'autre, l'avenir lui était ouvert et la vengeance était prête. Ce nom, cette fortune qu'on avait voulu lui arracher, il les tenait en partie; il allait les posséder en entier : il avait les papiers et les titres de sa famille; il arriverait à Kerbrie dans la nuit qui précèderait l'ouverture du testament; il allait confondre les collatéraux avides et déjouer leur plan infâme... Cette perspective n'était-elle pas faite pour pallier la souffrance qu'il éprouvait de son amour brisé?

Et puis, à vingt-cinq ans, la vie a encore de si séduisants mirages, quand elle s'offre à vous avec fortune et titres patrimoniaux, alors que déjà on possède une célébrité toute personnelle...

Comme il allait écraser cette femme de son luxe et de son dédain!

Comme il allait lui dire :

— Vous étiez mon seul but dans la vie; vous aimer éternellement était mon rêve de bonheur. Eh bien! maintenant, vous serez également mon but, mais le but de ma haine ! Je vous rendrai torture pour torture, dédain pour dédain, affront pour affront : je monterai si haut, que d'en bas vous regretterez d'avoir foulé aux pieds mon amour. Le piédestal sur lequel je me placerai vous éblouira et vous vous direz :

— Pourquoi ne l'ai-je point aimé?

Toutes ces pensées incohérentes et sans ordre bourdonnaient et se pressaient dans la tête de Gaston, à mesure que la chaise de poste, lancée comme une flèche, volait sur le pavé des grandes routes.

Mais cet homme n'était pas de fer : il n'y a d'hommes de fer que dans les romans héroïques, et nous ne chantons qu'une épopée bourgeoise du plus prosaïque des siècles. — Cet homme était depuis douze heures sous l'étreinte de mille émotions terribles; il avait exposé son front aux âpres baisers de l'orage, il avait retrouvé un cadavre, et ce cadavre était celui de son père, il avait écouté un atroce récit au chevet du lit mortuaire, — il avait enfin été privé du moindre repos durant deux nuits, car celle qui avait précédé la première représentation de son œuvre s'était écoulée presque tout entière au milieu d'une répétition générale. — La fatigue du corps l'emporta sur les préoccupations pénibles de l'esprit, et la monotonie du paysage aidant, — la chaise roulait au milieu d'une vaste plaine uniformément plantée de pommiers, — ses yeux se fermèrent et il s'endormit.

Quand il s'éveilla, la scène avait changé. La Normandie était loin derrière lui : aux gras paturages, aux pommiers classiques, avait succédé la lande aride et poétique de la Basse-Bretagne; à gauche de la route s'étageaient de petits mamelons couverts de chênes et de châtaigniers; à leurs pieds bruissait un filet d'eau : à droite, les rochers et les grèves des côtes; au-delà la mer immense, bleue et calme à cette heure.

Entre les collines et la mer, la lande, toujours la lande.

A l'horizon, dans le lointain et à plus de cinq lieues, un édifice bizarre, un amas confus de rochers, de murs grisâtres, de tourelles pointues... Kerbrie !

Çà et là, à l'entour, une chaumière adossée à une forêt, une cabane de bûcheron, une hutte de braconnier.

Et, par-dessus tout tout cela, cette teinte brumeuse et mélancolique que le soir jette sur la nature; ces rayons obliques et dorés, dépourvus d'ardeur et arrivant à travers un nuage de pourpre que le soleil envoie comme un dernier baiser à la terre qu'il abandonne pour aller sommeiller dans son lit d'algues marines et de flots bleus.

Le soir a de poétiques mystères, de suaves rêveries que le matin ignore, — l'aurore est moins riche que le crépuscule.

Gaston embrassa tout d'un coup d'œil :
— les coteaux, la rivière, la lande, la mer !

La mer... et son cœur se serra et battit à rompre sa poitrine.

La mer qui l'avait porté, qui l'avait compté au nombre de ses enfants, la mer qui fut sa première patrie, la mer qu'il revoyait comme l'enfant prodigue dut revoir le toit paternel... avec des larmes plein les yeux.

Si parmi ceux qui perdent leur temps à nous lire, il est un vieux marin, il comprendra cette étrange émotion qui s'empare de l'homme dont l'enfance a été bercée au roulis de la vague et qui revoit, après plusieurs années, la nappe infinie de l'Océan...

Gaston se mit à pleurer.

Puis son regard s'attacha sur les tours

de Kerbrie que la brume enveloppait de sa gaze blanchâtre, — et un presssentiment lui fit demander au postillon.

— Qu'est-ce que cela ?

— Kerbrie, répondit-il.

— Kerbrie !

Gaston oublia presque la mer... c'était Kerbrie ! Kerbrie qu'il apercevait dans le vague de l'horizon, Kerbrie dont il portait le nom, Kerbrie l'héritage de ses pères, le berceau de sa race, Kerbrie la vieille forteresse, la ruine imposante du passé qui allait lui appartenir, à lui le dramaturge du boulevard, le romancier des grands journaux, l'homme ganté de jaune qui soupait à Tortoni parmi la jeunesse dorée et qui, jusqu'à cette heure, n'avait pu briller au milieu d'elle que par son mérite personnel, à laquelle désormais il pourrait dire :

—Moi aussi, j'ai de vieux aïeux et je

vous convie à un noble festin dans mon manoir qui date des croisades.

Orgueil légitime et stupide !

Mais que voulez-vous ? l'orgueil de race est bien permis à celui qui a vécu longtemps sans avoir d'autre nom qu'un nom de hasard, d'autre fortune que l'espérance.

Au dernier relais, Gaston apprit que madame de Willermez était passée il y avait deux heures.

Cet incident le ramena à ses pensées premières et à sa véritable situation.

Le sommeil avait mis du calme dans sa tête ; il réfléchit froidement d'abord, puis il se laissa aller à cette mélancolie suprême du soir.

Le soleil était couché, la chaise courait au milieu d'une campagne silencieuse entre deux rangées de grands arbres. Kerbrie avait disparu dans un flot de brume, la nuit arrivait...

Gaston sentit peu à peu s'effacer ses sombres désirs de vengeance, son cœur se fondit, la pitié y prit place et il se dit :

— Pourquoi me venger ? Je ne veux que mon héritage... je l'ai aimée... je lui pardonne...

Insensé ! ces mots étaient encore de l'amour. Et il continuait à rêver, l'œil humide, et il songeait à *elle*, non point à cette Laurence criminelle et maudite qu'on lui avait révélée naguère, mais à cette femme entrevue en songe, environnée de tous les prismes de la grâce, de la noblesse et de l'intelligence... à cette femme qu'il avait aimée... à ce fantôme qu'il aimait encore.

Et comme dans cette âme d'élite il y avait des délicatesses infinies, il songea à respecter le fantôme dans la réalité souillée et atroce, et la pensée lui vint qu'il ne pouvait, sans froisser les convenances du monde et sans insulter à son amour passé, arriver en maître dans cette demeure où on ne l'attendait pas, et exposer, par un scandaleux éclat, cette femme à courber le front devant tout un monde de valets et de subalternes et à rougir de honte sous leur regard loyal.

Et tandis qu'il cherchait le parti le plus convenable à adopter en pareille circonstance, la chaise gravissait la côte ardue qui menait à Kerbrie... Et soudain elle s'arrêta, la portière s'ouvrit brusquement, et, à la lueur des fanaux qu'on avait allumés, Gaston vit apparaître une brune et énergique figure qui lui dit :

— Kerbrie, est-ce vous ?

Gaston ne l'avait vu qu'une fois, ce mâle et loyal visage, mais il le reconnut, poussa un cri de joie et de reconnaissance, et tendit les bras en avant...

Bernard s'y précipita, et nous croyons même qu'il pleura, jarni-Dieu !

Où diable était Pornic ? — Comme il aurait pleuré, lui aussi.

Ces gars de Bretagne ont la larme facile.....

XXII.

Il est temps de revenir aux convives de la grande salle du château de Kerbrie que Bernard venait de quitter pour aller au-devant de son maître.

Quand le spahis eut disparu, ils se regardèrent avec une stupeur muette et pour ainsi dire immobile.

Ils paraissaient rivés à leurs siéges par une force inconnue.

Seule madame de Willermez demeurait impassible et froide, les contemplant les uns après les autres avec un mépris souverain.

Quant à Perrusin, comme il était ivre, sa grosse intelligence s'efforçait vainement de comprendre la scène qu'il avait sous les yeux.

Le vieux Jean avait regagné le fauteuil dans lequel jadis il passait les longues soirées d'hiver auprès de la baronne défunte. Il ne divaguait plus, ses lèvres avaient cessé de remuer et il était tombé dans cette prostration insensible qui s'emparait de lui après chaque crise cataleptique.

Le silence qui régnait dans la salle depuis le départ de Bernard se prolongea quelques secondes encore; puis Perrussin, las de regarder et d'interroger du regard chaque visage, s'écria :

— Qu'est-ce que vous avec donc, tous? Pourquoi ne mangez-vous pas, ne buvez-vous plus et ne sonnez-vous mot ? — Est-ce que nous sommes à un dîner d'enterrement, par hasard?

Cette parole humaine, vibrant enfin sous les vastes lambris de la salle, fut comme le signal qui devait arracher le bâillon de toutes les bouches.

— J'ai... nous avons, fit Bachelet, que ça me paraît un peu gâté, notre affaire...

— Et dire, murmura mame Théophraste Carnaud, née Marguerite-Yvonne Fleur-des-Genêts Bilain, dire qu'il nous va falloir recommencer la misère... quel sort !...

— Un héritage qui me permettait d'acheter la maison où j'ai mis mes bureaux... grommela Karnieuc...

— J'ai une peur affreuse de voir s'évanouir... soupira le notaire blond.

Il n'acheva pas; le drôle était prudent.

En même temps, le comte de Maucroix éperdu soufflait à l'oreille de madame de Willermez :

— Cela peut nous compromettre horriblement..., et moi qui suis député !...

Cette dernière exclamation fit jaillir un éclair des yeux de madame de Willermez.

— Vous êtes tous de misérables niais ! s'écria-t-elle en les toisant avec mépris... Vous me faites pitié !

Ils avaient tous une telle habitude d'obéir à cette frêle femme et de subir son joug sans sourciller, que pas un n'osa répondre ; mais ils la regardèrent avec étonnement, et un vague espoir se traduisit sur leurs visages.

— Vous n'avez donc pas songé, continua-t-elle, que pour venir nous déposséder il ne suffisait pas de dire : Je m'appelle Gaston de Kerbrie; mais qu'il fallait encore le prouver?

— Eh bien? demanda anxieusement le comte.

— Eh bien! pour prouver son identité, il lui faut les papiers du chevalier de Kerbrie.

— Ah! fit-on à la ronde en poussant un soupir de soulagement qui fit trembler les voûtes.

— Et ces papiers? demanda le notaire.

— Ces papiers, fit madame de Willermez, il n'en restera plus trace dans dix minutes. Elle s'élança hors de la salle et courut jusqu'à la chambre qu'on lui avait préparée dans le château, et où ses bagages avaient été déposés.

— Parbleu! murmura le notaire blond.

— Parbleu! murmura le comte.

— Parbleu! fit Bachelet.

— Parbleu ! grommela Karnieuc.

— Pardine ! chantonna mame Théo.

— Parbleu et pardine ! s'écrièrent-ils tous, la chose est claire... pour hériter il faut les papiers...

O les natures intelligentes ! ils avaient trouvé cela.

Madame de Willermez reparut.

Le sourire glissait sur ses lèvres, elle était calme et belle, et certes elle avait bien plus l'air d'entrer dans un salon du monde que d'être sur le point d'anéantir le seul moyen qui restât au descendant des Kerbrié de recouvrer titres et fortune.

Elle tenait à la main l'étui de fer-blanc que nos lecteurs connaissent, et s'arrêtant sur le seuil elle le leur montra :

— Tenez, dit-elle, quand il n'en restera que des cendres, Kerbrie et ses dépendances seront bien à nous.

Et elle s'avança vers la cheminée où flambait un immense feu et au coin de laquelle s'était endormi le vieux Pelao, et brandit l'étui au-dessus du brasier.

— Ouvrons-le, dit-elle, les parchemins brûleront plus vite.

Elle ouvrit l'étui avec un geste de triomphe ; mais soudain un cri terrible lui échappa, elle chancela sur elle-même et le laissa rouler sur le parquet...

L'étui était vide !

Les papiers avaient été volés.

Alors cette femme impassible et indomptable jusque-là devint blanche et pâle comme un suaire, ses dents claquèrent sous l'étreinte de la terreur, ses traits délicats se décomposèrent, sa vue se troubla, — et elle se laissa tomber muette et presque insensible dans le vaste fauteuil qu'elle avait derrière elle... Et cette fois ils comprirent tous qu'ils étaient perdus ; et quand des pas retentirent dans le corridor, quand la porte s'ouvrit brusquement, ils se réfugièrent frémissants et les cheveux hérissés à l'extrémité opposée de la salle, comme si le MAITRE allait apparaître armé d'un fouet vengeur, et pareil au Christ chassant les vendeurs du temple!...

Mais le MAITRE ne vint pas... seul, Bernard parut sur le seuil, s'avança lentement au milieu d'eux, et s'arrêta devant madame de Willermez.

Il avait une lettre à la main.

XXIII.

Chez madame de Willermez, la raison n'était jamais longtemps absente, et le sang-froid revenait aussitôt.

La terreur qui l'avait dominée un moment s'évanouit à la vue de Bernard qui entrait seul, et lorsqu'il se fut arrêté devant elle, elle se leva avec dignité et lui dit :

— Que me voulez-vous?

— Une seule chose, répondit Bernard avec une froide politesse, vous remettre cette lettre de la part de mon maître, le baron Paul-Gaston de Kerbrie. Bernard appuya sur ces mots avec une intention marquée qui glaça les collatéraux d'épouvante.

Madame de Willermez brisa le cachet frais encore, et lut ce qui suit :

« Madame,

» Je sais tout, votre étrange conduite à
» mon égard m'est expliquée. Le hasard,
» ou plutôt la Providence m'a révélé mon
» nom et la fortune à laquelle j'ai le droit
» de prétendre. Je pourrais, dès ce soir,
» entrer en maître au château de Kerbrie ;

» mais je hais tout ce qui ressemble au
» scandale, et je ne veux pas que vous
» ayez à rougir le moins du monde devant
» les serviteurs de ma famille. Avisez, d'ici
» à demain, aux moyens de faire une re-
» traite honorable et naturelle ; demain
» seulement je m'appellerai Gaston de
» Kerbrie. D'ici là, madame, je ne veux
» être qu'un étranger qui, égaré dans la
» nuit, demande l'hospitalité.

» Ayez l'obligeance de me faire donner
» une chambre au château.

» Je vous baise les mains.

» GASTON DE KERBRIE. »

Les collatéraux, qui ne savaient ce que contenait cette lettre, et cloués, d'ailleurs, à leur place par le regard de feu de Bernard, épiaient et cherchaient à surprendre sur son visage les émotions de madame de Willermez.

Mais ce visage était impassible.

Elle relut la lettre, puis regarda Bernard :

— Monsieur, lui dit-elle, j'ai un mot à vous dire; venez à cette extrémité de la salle.

Bernard s'inclina et la suivit dans une embrasure de croisée :

— Monsieur, dit-elle alors avec une voix tremblante et pleine de larmes, j'ai été coupable, je me repens... Je suis prête à reconnaître la première M. Gaston de Kerbrie et à le proclamer le fils et l'héritier du chevalier. Mais j'ai une grâce à vous demander... ne me refusez pas...

Bernard avait traité rudement madame de Willermez quand elle était forte et menaçante, il sentit sa dureté fléchir devant cette femme qui tremblait et suppliait, et il lui dit avec émotion :

— Je vous écoute, madame, et je suis à vos ordres...

— Monsieur, continua-t-elle, je porte dans le monde un nom respectable, celui d'un vieillard qui a servi noblement son pays, et dont les os tressailleraient de honte au fond du cercueil si ce nom était déshonoré. Je domine et commande à tous ces hommes, ils m'obéissent aveuglément et m'obéiront cette fois encore. Votre maître m'écrit qu'il veut éviter un scandale, aidez-le dans cela et ne me perdez point. Tous ces hommes quitteront avec moi le château cette nuit même; d'ici là, faites que votre maître observe ici le plus strict incognito. Ce n'est point pour moi que je vous le demande, je ne le mérite point, c'est pour la mémoire de mon mari.

L'accent de la jeune femme était plus que suppliant, et sa gorge couvait des sanglots.

— C'est bien, madame, répondit Bernard ému, vous serez obéie.

Puis il se tourna vers le notaire :

— Monsieur le tabellion, lui cria-t-il, vous êtes le maître ici jusqu'à demain, c'est à vous de donner des ordres.

— Que voulez-vous? balbutia le jeune et blond Kerkarakadec d'une voix altérée.

— Un étranger dont la chaise de poste c'est arrêtée à mi-côte, dit Bernard, demande l'hospitalité pour cette nuit; jamais on n'a refusé l'hospitalité à Kerbrie.

Les collatéraux se regardèrent avec étonnement.

— Ordonnez donc qu'on lui prépare un appartement, dit alors madame de Willermez d'un ton impérieux.

L'étonnement des assistants devint de la stupeur; mais tandis qu'ils se regardaient tous d'un œil atone et vitrifié madame de Willermez continua :

— Cet étranger est M. le baron Paul-Gaston de Kerbrie le seul héritier légitime de la baronne de Kerbrie.

Un frisson de terreur et d'angoisse courut dans la salle.

— M. de Kerbrie, poursuivit madame de Willermez, désire, pour éviter une scène scandaleuse ou bruyante au moins, passer la nuit incognito au château et n'être reconnu de ses gens que demain. Quant à nous, ajouta-t-elle, comme nous ne sommes plus rien ici, nous partirons cette nuit.

— Mais... voulut se récrier le comte de Maucroix.

Elle lui imposa silence d'un geste :

— Monsieur le notaire, dit-elle d'un ton sec, je crois vous avoir prié déjà de donner des ordres pour qu'on prépare un appartement.

— Mais, balbutia le notaire, lequel ?...

— Celui de la plate-forme, dit Bernard, c'était l'appartement des étangers à Kerbrie.

Madame de Willermez eut toutes les

peines du monde à réprimer un mouvement de joie, en entendant Bernard choisir ainsi la chambre de son maître. Il y avait trois heures à peine qu'elle était au château, mais elle l'avait déjà parcouru, examiné, fouillé de fond en comble.

— Est-il convenable ? demanda-t-elle ingénument.

— Mais, dit Bernard froidement, madame de Bonchamps l'a occupé trois jours.

Le notaire se leva pour sortir.

— Ainsi, dit madame de Willermez, c'est convenu, vous observerez le plus profond silence vis-à-vis des domestiques ?

— Oui, fit maître Kerkarakadec d'un signe.

— Et vous, monsieur Bernard... murmura-t-elle avec l'accent de la prière.

— Je n'ai qu'une parole, dit rudement le soldat.

Pauvre sot ! qui ne voyait aucun piége

dans cette demande singulière, le vœu de Gaston, du reste... Mais Gaston était là, Gaston était à Kerbrie et il était près de lui ; lui Bernard, il était là attentif et vigilant, dévoué et fidèle, prêt à lui faire un glaive de son bras, un plastron de sa poitrine !

Oh ! ces grands enfants de sabreurs qui ne doutent de rien !

Nobles fous !

Bernard sortit avec le jeune et blond Kerkarakadec. Madame de Willermez écouta le bruit de leurs pas se perdre dans les corridors, puis elle courut à la croisée qui donnait sur la cour d'honneur, et plongea son regard incisif dans la nuit.

On apercevait à cinq cents pas les fanaux de la chaise de poste qui demeurait stationnaire.

Gaston attendait le retour de Bernard.

La jeune femme vit ce dernier traverser la cour et franchir le pont-levis.

Alors elle se retourna soudain vers les convives et les embrassa d'un coup d'œil.

Ils étaient mornes et glacés, à l'exception de Bachelet qui sifflotait entre ses dents. Il avait compris, le coquin breveté, que la partie n'était jamais perdue dans les mains de madame de Willermez.

— Eh bien ? fit le comte, faut-il partir à l'instant ?

— Dame ! murmura Karnieuc, puisque tout est perdu...

— Vous êtes des niais..... Tout est sauvé !

— Vrai ! exclama madame Théo.

— La partie est à nous, dit froidement madame de Villermez.

— Qu'est-ce que vous chantez là ? grommela Perrussin d'une voix avinée...

Madame de Willermez fronça le sourcil et le désigna du regard à Bachelet.

— Il est ivre, murmura-t-il.

— Ah! s'écria l'ivrogne, tu dis que je suis ivre? tu vas voir...

Et il se leva furieux et marcha le poing levé sur le Bas-Normand; mais une chaise se trouva sur sa route, il trébucha et roula lourdement à terre en jurant.

Bachelet se réfugia à l'autre extrémité de la table, s'attendant à le voir se redresser furieux et plus terrible, mais il n'en fut rien. Il y eut un moment de silence, puis on entendit un ronflement magnifiquement accentué, dont les notes basses et sonores firent trembler les voûtes de la salle. Le malheureux dormait de ce sommeil sans rêves qui fut inventé par le patriarche Noé.

— Bon! dit madame de Willermez, nous pouvons parler à présent; car ce vieux fou dort pareillement.

Et du geste, elle indiquait Jean Pelao qui rêvait au coin de l'âtre.

Le notaire rentrait.

Madame de Willermez promena une fois encore son œil dominateur et froid sur ses complices, puis elle leur dit :

— Voulez-vous hériter, oui ou non ?

— Oui, répondirent-ils tous.

— Alors, fit-elle, il faut sacrifier une portion de l'héritage pour avoir le reste.

— Que voulez-vous dire ? fit le comte.

— Qu'est-ce que vaut le château ? demanda-t-elle au notaire.

— Avec le mobilier environ 300,000 francs.

— Misère ! il faut brûler le château.

Un enthousiasme féroce éclata dans l'œil de Bachelet.

— Fameux, murmura-t-il.

— Et, continua froidement la jeune femme, assassiner l'héritier de Kerbrie.

Le comte, Karnieuc et Théo frissonnèrent; Bachelet seul trouva la chose naturelle.

— Jésus Dieu! murmura la Carnaud, un crime!

— On ne vous en charge pas, fit avec mépris madame de Willermez.

— Mais, objecta timidement le comte, est-ce possible?

— Et Bernard? souffla Karnieuc, dont les cheveux se hérissaient.

— Diable! fit à son tour le notaire blond et frisé, je risque déjà les galères... c'est bien assez...

— Vous êtes tous des lâches, leur dit-elle avec dédain. Lâches et cupides! vous ne rachetez pas même votre bassesse par un peu d'audace...

— Madame... fit le comte avec humeur, j'ai demandé si c'était possible...

— Parbleu! dit Bachelet de son ton le plus mielleux, et je suis certain que madame la baronne n'a point voulu parler de moi... quand elle a dit...

Il était poli, le digne fripon, il laissa sa phrase inachevée.

— Non, sans doute, fit madame de Willermez, et j'ai compté sur vous.

— Madame est bien bonne, mais...

— Mais ?... fit-elle d'un ton interrogateur, hésiteriez-vous aussi ?

— Je n'hésite jamais... seulement...

— Seulement...

— Seulement, comme je vais faire la besogne de tous... il est juste...

— Vous aurez dix mille livres de surplus...

— Oh ! fit Bachelet avec dédain, fi ! la vie du MAITRE vaut mieux que ça.

— Vingt mille ?

— Mettez dix de plus...

— Bon ! fit le citoyen Théo à mi-voix, je m'en chargerais bien pour le prix...

— La main te tremble, riposta le

Bas-Normand avec mépris, tu es un feignant.

— Très-bien, dit alors madame de Willermez, vous aurez vos trente mille livres. Maintenant écoutez-moi tous.

Ils se groupèrent autour d'elle, anxieux et l'oreille au guet ; — et certes, cette jeune femme blanche et pâle, coquettement vêtue, les bras nus ornés de bracelets, au milieu de ces visages bouleversés par la crainte, tourmentés par la cupidité, galvanisés par la pensée du crime, cette femme qui, frêle et délicate, les dominait tous et les commandait, eût tenté le pinceau de Salvator lui-même, avec son entourage de bandits et sous les voûtes séculaires de cette vieille salle où s'étalait le luxe grandiose et sévère de nos aïeux...

— Maintenant, dit-elle, écoutez-moi : Kerbrie va venir, il entrera comme un étranger dans le château ; il gagnera sans bruit son appartement où on lui servira à souper, et il n'en sortira pas.

Les serviteurs se retireront dans leurs chambres après la veillée et s'endormiront promptement. Les paysans ont le sommeil dur. Alors vous, Karnieuc, qui connaissez les détours les plus secrets du château, vous trouverez bien avec maître Carnaud deux ou trois points différents sur lesquels, à un signal donné, le feu puisse être mis...

— Vous, continua-t-elle en s'adressant au notaire, vous vous sauverez sur-le-champ avec le coffre qui renferme le testament, et le château n'existera plus, mais nous serons parvenus à nous dérober à la fureur de l'incendie, le testament aura été sauvé avec tous les titres de propriété, et rien ne s'opposera plus à son exécution... Quant à Gaston, nul n'en pourra rien dire. On saura seulement qu'un étranger qui s'était réfugié pour une nuit au château est au nombre des victimes.

— Mais Bernard ? demanda encore Karnieuc, qui grelotait de peur...

— Bernard? fit madame de Willermez, nous verrons... il est tranquille... il dormira...

— Mais, murmura le comte, comment pénétrer jusqu'à Gaston ?

— La chambre qu'il occupera communique à la mienne par une porte fermée au verrou.

— Et moi ? demanda timidement le comte, que dois-je faire ?

— Vous ? fit madame de Willermez, rien... c'est tout ce que vous pouvez...

— Bon ! pensa le député ventru, j'aime mieux cela, en cas d'accident je serai moins compromis...

Un roulement de voiture se fit entendre dans la cour : la chaise de poste arrivait.

Ils se penchèrent tous à la croisée, et, derrière les jalousies, ils purent, à la lueur des torches que portaient quelques-uns des serviteurs du château, voir descendre de voiture un jeune homme soigneusement enveloppé dans un manteau de voyage qui lui cachait une partie de la figure et qui traversa rapidement la cour et gravit le perron, précédé par Bernard.

— Il est dix heures, dit alors madame de Willermez, à minuit tout dormira. Rentrez chez vous et attendez pour sortir que le cri au feu ! retentisse, dit-elle au comte et à madame Théophraste Carnaud. Vous, Karnieuc, cherchez les trois points convenus...

— Parbleu ! murmura le banquier, il y a les greniers à foin dans l'aile gauche, la bibliothèque dans l'aile droite et au milieu... ma foi ! il y a les caves qui sont pleines de vieux vins et d'eau-de-vie.

— A merveille ! Votre chambre est contiguë à la mienne, je vous préviendrai. Quant à vous, ajouta-t-elle en s'adressant à maître Kerkaradec, vous partirez avant..

il ne faut pas que le testament brûle...

Puis, comme chacun sortait discrètement de la salle et se retirait sans bruit, elle posa sa belle main sur l'épaule de Bachelet :

— Venez, dit-elle.

XXII.

Madame de Willermez conduisit Bachelet dans l'appartement qu'on avait préparé pour elle et qui, ainsi que celui de Gaston, ouvrait sur la plate-forme du château, au nord et du côté de la mer.

Nous devrions dire *sur* la mer, car l'Océan battait en brèche, de ce côté, les vieilles murailles de Kerbrie qui résistaient impassibles et fières à cette secousse sans relâche.

Cet appartement se composait de deux pièces ; dans la première était un lit à colonnettes torses supportant un lourd baldaquin : c'était la chambre à coucher.

L'autre était une sorte de boudoir et de cabinet de travail en même temps, meublé en style Louis XV et à panneaux peints dans la manière de Boucher.

Dans cette pièce était une porte masquée par un pan de tapisserie.

Madame de Willermez entraîna Bachelet vers cette porte en lui recommandant le plus profond silence ; elle souleva la portière et tous deux collèrent leur œil au trou de la serrure et à une autre ouverture imperceptible ménagée au centre d'une rosace.

Ils virent entrer Gaston, puis deux domestiques apportant une table toute servie.

Ils assistèrent, invisibles, à ce repas tardif, et, lorsque Gaston, servi par Bernard, eut terminé, madame de Willermez ramena Bachelet dans la première pièce :

— Laissons-le se coucher, dit-elle, et attendons minuit.

Bachelet sortit de sa poche un excellent coutelas d'origine corse et le montra à la jeune femme avec un orgueilleux sourire.

Mais elle haussa les épaules.

— C'est une arme de boucher, dit-elle. Voilà qui vaut mieux.

Et, à son tour, elle tira de son sein un charmant poignard malais à la lame tortillée comme une langue de vipère.

— Tenez, lui dit-elle, il répand moins de sang et tue plus vite.

— Est-il mignon ! fit Bachelet avec une admiration involontaire.

Ce bandit était naïf, jarni-Dieu !

Ils s'assirent tous deux, l'un près de l'autre, aux deux angles d'un tête-à-tête, la femme élégante et belle et l'usurier immonde, ils se touchèrent presque, ni plus ni moins que deux jeunes époux un soir de bénédiction nuptiale... et, ne vous en étonnez point, lecteurs, la lionne dorée, la femme délicate et parfumée n'eut point les nerfs agacés de ce contact...

Le crime a, lui aussi, son fluide magnétique et ses attractions mystérieuses.

Ils attendirent.

Onze heures sonnèrent, puis onze heures et demie, puis minuit...

Ils attendirent encore !

Enfin madame de Willermez se leva la première et dit :

— Allons !

Bachelet ôta ses souliers, des souliers, vernis, lecteurs, et il assure le poignard malais dans sa main.

Madame de Willermez mit la main sur le verrou; mais le prudent Bas-Normand l'arrêta et plaça son œil à la hauteur de la serrure pour voir si la lumière était éteinte chez Gaston. Soudain il recula...

— Qu'est-ce? fit à demi-voix madame de Willermez en se penchant à son tour et regardant comme lui...

Comme lui elle recula pâle et la sueur au front.

La chambre de Gaston était éclairée par une lampe à abat-jour.

Dans la pénombre, Gaston dormait tout vêtu sur son lit. Au chevet, et dans le cercle borné de lumière projetée par le lampe, Bernard était tout debout, tête nue et le pistolet au poing, veillant, le brave et le loyal, sur son jeune maître endormi!

Le poignard tortueux de maître Bachelet était vraiment bien humble et bien mesquin en face de ce pistolet tout armé et chargé jusqu'à la gueule...

XXV.

Sous l'influence d'une pensée généreuse, Gaston, nos lecteurs l'ont deviné sans doute, avait écrit au crayon, et à la lueur des fanaux de la chaise de poste, le billet que Bernard avait remis à madame de

Willermez. Puis il avait attendu son retour et n'avait repris sa marche vers le château qu'après avoir eu la certitude que ses propositions pacifiques étaient acceptées et qu'il entrerait dans la place sans esclande ni résistance.

— Maître, lui dit alors Bernard à demi-voix, vous ne voulez pas être reconnu avant demain ?

— Non, mon ami.

— Eh bien ! cachez votre figure avec un pan de votre manteau, car les vieux de Kerbrie, ceux qui ont vu votre père, monsieur le chevalier, vous reconnaîtraient, tant vous lui ressemblez.

— Soit ! dit Gaston.

Et il traversa la double haie de domestiques qui accouraient recevoir l'étranger annoncé, et il monta le grand escalier de pierre derrière Bernard, qui le précédait une torche à la main.

Les serviteurs de Kerbrie chuchotaient

sur son passage et se faisaient mille questions.

— Où donc qu'il va bien, ce jeune monsieur ?

— Comment a-t-il passé par Kerbrie ?

— Et dire qu'il n'y a plus personne ici pour le recevoir !

— C'est drôle tout de même, murmurait en même temps le vieux pâtre, qui avait pleuré le matin, en songeant que Kerbrie était un nom éteint ; c'est drôle, comme mon cœur fait tic-tac... on dirait que c'est Kerbrie !

— Vieux fou ! dit un dindonnier, Kerbrie entrerait en disant son nom.

— C'est vrai ; mais dame ! oh ! dame ! voilà que je repleure, à présent... mais c'est de joie !

Et le pâtre pleura une fois encore.

Cependant Gaston et Bernard étaient arrivés à l'appartement de la plate-forme.

Là, Bernard renvoya les valets qui avaient apporté les valises du voyageur, et, quand ils furent partis, il dit à Gaston :

— Tenez, monseigneur, levez les yeux et regardez !

Gaston attacha son regard sur les murs tendus d'une tapisserie cramoisie, à laquelle étaient accrochés de vieux cadres enfumés.

— Qu'est-ce ? demanda Gaston.

— Vos portraits de famille, parbleu !

Et Bernard prit un flambeau, entraîna Gaston et s'arrêta avec lui devant une toile poudreuse et noircie, représentant d'une manière encore assez correcte un chevalier du moyen-âge, portant salade et cotte hardie, gantelet d'acier et chaîne d'or.

— Voilà, dit-il, Hugues de Kerbrie, le premier du nom et le compagnon du roi Louis-le-Jeune.

Gaston s'inclina avec respect.

Bernard lui montra tour-à-tour ses nombreux aïeux bardés de fer ou vêtus de soie et de velours, depuis le soldats des croisades jusqu'au mousquetaire de Louis XIV, en passant par deux connétables de Bretagne, un colonel sous Henri III et un mestre de camp sous Louis XIII.

Enfin il s'arrêta devant une place vide :

— Là, dit-il, était le portrait de votre père. Quand madame la baronne mourut, je l'emportai afin de pouvoir reconnaître le chevalier, si jamais je le rencontrais. Il m'a servi à vous trouver. Je l'ai à Paris, nous le rétablirons quand vous serez tout-à-fait le maître chez vous.

Maintenant, continua-t-il en s'arrêtant devant la haute cheminée sculptée et armoriée, voici votre écusson ; il est simple et noble comme votre race : — une épée surmontée d'un tortil de baron sur un champ d'hermine. — Gaston contemplait toutes ces choses avec recueillement.

— Cette chambre, poursuivit Bernard, a abrité de nobles hôtes. La *bonne duchesse*, Anne de Bretagne, femme du roi de France, a couché dans ce lit, Bertrand Duguesclin s'est assis dans ce fauteuil ; Henri IV a déjeuné sur cette table, et madame de Bonchamps s'est chauffée trois jours à cette cheminée. Voyez-vous ce fusil accroché sous le manteau de l'âtre ? votre grand-père l'avait à la main quand il tomba frappé en pleine poitrine au cri de : *Vive le roi!*

La porte s'ouvrit, — on apportait le souper de l'étranger.

Gaston s'accouda brusquement pour cacher son visage.

— Je servirai monsieur, dit Bernard en congédiant les valets.

Et il prit une serviette, la mit sur son bras suivant le cérémonial et se plaça derrière le fauteuil de Gaston.

— Qu'est-ce là ? fit celui-ci, viens te mettre près de moi, mon ami...

— Pardon, monseigneur, répondit Bernard, mais à Kerbrie ce n'est plus comme à Paris où il y a des laquais ; ici il n'y a que des serviteurs et ils réclament comme un droit celui de vous obéir.

Gaston sentit une larme gonfler son œil, puis il mangea rêveur : au bout d'une minute, il repoussa son assiette avec nonchalance.

Bernard le regarda fixement :

— Vous ne mangez pas, Kerbrie, lui dit-il.

— Mon ami, lui dit Gaston avec douceur, je n'ai pas faim... je souffre...

— Vous souffrez, monseigneur ! et où donc ?

Un amer sourire vint aux lèvres de Gaston.

— Au cœur... murmura-t-il.

Puis il se jeta tout habillé sur le lit :

— Je vais essayer de dormir, le sommeil calme bien des souffrances... Et toi, mon pauvre Bernard, tu dois avoir besoin de repos... va-t-en.

— Moi ? fit Bernard, je dois veiller quand vous dormez !

— Quelle folie !

— Kerbrie, dit sévèrement le spahis, je suis votre serviteur, mais j'ai promis à votre père d'être le vôtre et de mourir pour vous, s'il le faut... dormez, je suis là.

Et Bernard s'adossa au chevet du lit, prit un des pistolets passés à sa ceinture et plaça l'abat-jour sur lampe.

Il était dans cette posture depuis quelques minutes à peu près, et Gaston s'était endormi paisiblement, quand la porte opposée à celle par où ils étaient entrés s'ouvrit sans bruit et presque mystérieusement...

Madame de Willermez parut.

Elle était en robe de chambre, les cheveux dénoués et en désordre, l'œil calme mais empli d'une tristesse profonde et d'une pâleur nerveuse qui accusait une situation morale tourmentée.

A sa vue, Bernard fit un pas de retraite, mais comme le tigre recule devant le boa pour se mettre sur la défensive.

Un douloureux sourire effleura les lèvres blêmies de madame de Willermez :

— Avez-vous donc peur d'une femme? demanda-t-elle.

— Non, répondit Bernard, mais que venez-vous faire ici?

Son front se rembrunit, son sourire devint plus triste et plus poignant encore :

— Monsieur, dit-elle d'une voix creuse, je vais mourir dans quelques minutes et je ne veux pas emporter sa haine au tombeau.

— Mourir ? fit Bernard avec un geste d'effroi.

Elle ne répondit pas, mais elle s'approcha du lit et appuya ses lèvres froides sur le front du jeune homme.

A ce contact glacé, Gaston s'éveilla brusquement, ouvrit les yeux et sourit...

Ce baiser interrompit un rêve, et dans ce rêve il l'aimait encore ! Mais l'illusion fut courte, Gaston se mit soudain sur son séant, et la repoussant du geste, il lui dit durement :

— Que voulez-vous de moi, madame ?

— Gaston, lui dit-elle de sa voix triste et grave, vous avez le droit de me traiter comme un monstre de bassesse et d'hyposie; mais je vais mourir, et la mort purifie.

— Mourir, vous ? s'écria Gaston involontairement; puis, se ravisant soudain, il ajouta :

— Au fait, vous avez raison, et vous faites bien de mourir...

Elle porta sa main à son cœur, avec un geste de souffrance suprême, puis elle reprit :

— Je vais mourir... écoutez-moi... écoutez-moi sans m'interrompre...

— Parlez, dit tristement le jeune homme.

— Gaston, poursuivit madame de Willermez, l'Océan nous réunit autrefois, l'Océan va nous séparer ; au nom de ce trépas prochain, sur le seuil de l'éternité, en présence de Dieu qui me jugera bientôt, je vous jure, Gaston, que je vais vous dire la vérité.

— Je vous crois, madame, répondit Gaston, touché de cet accent de profonde humilité.

— Vous avez raison, dit-elle; quelque étrange, quelque abominable que puisse vous paraître ma conduite, Gaston, croyez-moi... je vous aimais...

— Oh ! s'écria le jeune homme, mensonge !

— Laissez-moi parler, dit-elle avec autorité. Je vous aimais, oui, je vous le jure... Longtemps je vous crus l'enfant du hasard, l'orphelin adopté par l'Océan, l'homme sans patrie ni famille. Un jour, jour trois fois maudit, votre nom me fut révélé : — vous étiez mon parent, l'héritier de cette fortune immense dont une part devait, selon toute probabilité jusque-là, me revenir un jour. Vous commenciez à secouer la misère et l'obscurité, ces deux lèpres de la jeunesse, vous aviez un avenir large et grand, je vous aimais, je devais être à vous... Alors, ne me croyez pas si vous voulez, Gaston, mais je dis vrai.... alors une étrange fureur me passa dans la tête et retomba brûlante sur mon cœur, je ressentis de la haine pour vous, au milieu de mon amour : je me sentis humiliée et froissée à cette seule pensée que vous m'apporteriez avec votre main, non-seulement une célébrité personnelle, mais encore une fortune immense et un noble nom ; je songeai avec amertume que moi, moi, pauvre femme, je ne pourrais vous donner en échange qu'une fortune ordinaire et mon amour... et alors, Gaston, alors encore un démon sans pitié, le démon de l'amour-propre me souffla une pensée infernale et maudite ; je ne voulus pas tout vous devoir, je voulus, au contraire, que vous me dussiez tout, et je mis tout en œuvre : astuce, perfidie, énergie secrète, force brutale, tout ! tout pour vous enlever cet héritage qui vous appartenait, pour vous le voler, Gaston... pour vous le donner le lendemain de notre union...

Gaston partit d'un éclat de rire railleur et s'écria :

— Vous osez jouer la comédie au

seuil de l'éternité ? Vous êtes infâme!

En ce moment retentit avec un éclat sinistre un coup de tonnerre, précurseur de l'orage qui s'était amoncelé durant la soirée.

— Tenez, exclama madame de Willermez, j'en atteste le ciel en courroux, je dis vrai.

— Et moi, je ne crois pas, dit Gaston.

Bernard haussait les épaules.

— Eh bien! s'écria-t-elle, puisque l'accent de ma voix, les larmes qui roulent dans mes yeux, n'attestent point la vérité de mes paroles, je vais vous confondre par un argument prosaïque et bourgeois : vous m'offriez votre main ; en vous épousant j'atteignais cette fortune entière; en faisant ce que j'ai voulu faire, j'en perdais un tiers au moins qui passait à mes cohéritiers. — Me croirez-vous à présent?

Ces quelques mots produisirent plus d'effet sur Bernard et Gaston que la foudre n'en avait produit naguère sur la nature bouleversée!

L'accent de cette femme était si vrai, ce

raisonnement si naturel, que tous deux, Bernard et Gaston, faillirent se jeter à ses genoux et demander grâce ; mais une lueur sinistre traversa le souvenir du poète et il s'écria :

— Est-ce aussi par amour pour moi que vous avez envoyé au Théâtre-Français, hier soir, votre femme de chambre à votre place et dans votre loge ?

Et il demeura interdit soudain du calme et de la triste mélancolie de cette femme qu'il avait cru terrasser. Elle souriait amèrement.

— J'étais au théâtre, dit-elle, j'ai suivi votre pièce d'un bout à l'autre, mais je me suis enfouie dans une baignoire... pour vous cacher mes larmes de joie... Cruel ! Quant à ma femme de chambre, mon Dieu ! elle s'est fait ouvrir ma loge à mon insu. Pouvais-je l'en faire chasser et occasionner un scandale ?

— Comédie, murmura Gaston.

Mais sans s'indigner, sans être révoltée par ce scepticisme cruel, elle se prit à lui raconter scène par scène, phrase par phrase, toute sa pièce, et, cette fois encore, Gaston fut sur le point de se jeter à ses pieds.

— Mais, s'écria-t-il tout-à-coup, puisque vous avez de victorieuses réponses à toutes les accusations, me direz-vous pourquoi vous avez tué votre mère ?

— J'ai tué ma mère, s'écria-t-elle, les cheveux hérissés et les traits bouleversés soudain. J'ai tué ma mère !

— Vous l'avez empoisonnée avec une pomme de mancenillier... et c'était une mulâtresse !

Et, au lieu de jouer l'indignation, elle se laissa tomber à genoux avec une angélique douceur, elle joignit les mains et murmura :

— Mon Dieu ! ayez pitié de lui... il est fou !...

Puis, elle se leva tout-à-coup, bondit jusqu'à la porte-fenêtre qui ouvrait sur la plate-forme et que fouettaient déjà les âpres caresses de l'orage, l'ouvrit brusquement et se retourna vers Gaston.

— Adieu ! s'écria-t-elle, adieu, Gaston... mon bien aimé... La mer est là... à moi la mer !

Et elle s'enfuit éperdue et égarée à travers les éclats de la foudre et les torrents de pluie qui battaient les dalles de la large terrasse du manoir.

Gaston, hors de lui, s'élança à sa poursuite, et l'atteignit au moment où, cramponnée au parapet, elle allait se précipiter dans les flots qui mugissaient en bas des murs.

— Laurence, s'écria Gaston en l'étreignant dans ses bras robustes et la retenant au-dessus de l'abîme... Laurence, pardon... Je t'aime !... je t'aime !...

Mais elle tira un poignard de son sein, et l'appuyant sur sa poitrine...

— Adieu, Gaston... répéta-t-elle.

— Laurence, fit-il encore, Laurence... je t'aime...

Elle l'enlaça de ses bras, attira son front vers ses lèvres comme pour lui donner un baiser suprême ; mais ses lèvres n'effleurèrent point son front enflammé, elles livrèrent soudain passage à un éclat de rire strident, et comme l'œil hagard, à la lueur d'un éclair, il voyait penché sur lui un visage bouleversé, armé d'un infernal sourire, il entendit vibrer à ses oreilles ces paroles terribles :

— Tu es un misérable niais... et je te hais !

Et soudain il reçut un coup de poignard en pleine poitrine, poussa un cri étouffé et se trouva lancé par-dessus le parapet dans le vide.

La frêle et délicate baronne de Willermez avait assassiné et jeté à la mer Gaston de Kerbric !

Mais, au cri poussé par le malheureux, un cri de sauvage fureur répondit, un homme bondit comme un tigre par-dessus la balustrade de la terrasse et, lui aussi, se précipita au milieu des flots en courroux de l'Océan.

Au même instant, une voix grêle et monotone domina les hurlements de l'orage et entonna le premier couplet d'Arthur de Bretagne :

L'enfant était de haut lignage, etc.

C'était le vieux Jean Pelao qui, naguère endormi au coin de l'âtre de la grande salle, s'était levé dans un accès de somnambulisme pour venir parcourir les toits de Kerbrie, sur lesquels il gambadait vingt ans auparavant.

Et, au son de cette voix qui lui arrivait comme un accent prophétique et de sinistre augure, madame de Willermez, effrayée de son crime, s'affaissa éperdue en murmurant :

— La Providence et le remords existeraient-ils donc ?

Elle resta longtemps ployée sous la double étreinte des terreurs de son âme et des voix menaçantes de la nature ; puis, au matin, comme l'orage s'apaisait, elle se releva, se pencha sur la mer, examina le lieu où sans doute étaient ensevelis pour toujours Gaston et Bernard ; — et comme la mer apaisée s'endormait sur le gouffre et ne montrait rien à sa surface, le sourire revint à ses lèvres, et elle se dit :

— Ils sont morts... Kerbrie est à moi... à moi l'avenir !

Madame de Willermez se trompait... L'avenir, comme l'a dit le poète, n'appartient à personne. Dieu seul le connaît.

FIN DE L'HÉRITAGE D'UNE CENTENAIRE ET DU TROISIÈME VOLUME.

Coulommiers. — Imprimerie de A. Moussin.

EN VENTE CHEZ BAUDRY, ÉDITEUR.

LES VIVEURS DE PARIS, par X. de Montépin............	7 vol. in-8.
ANDRÉ CHÉNIER, par Méry.................................	3 vol. in-8.
GENEVIÈVE GALLIOT, par X. de Montépin.............	2 vol. in-8.
SALONS ET SOUTERRAINS DE PARIS, par Méry........	3 vol. in-8.
LE VENGEUR DU MARI, par Emmanuel Gonzalès......	3 vol. in-8.
GEORGES LE MONTAGNARD, par de Bazancourt........	5 vol. in-8.
LES AMOURS DE BUSSY-RABUTIN, par Madame Dash....	4 vol. in-8.
ESAÜ LE LÉPREUX, par Emmanuel Gonzalès............	5 vol. in-8.
LA MARQUISE SANGLANTE, par Madame Dash...........	3 vol. in-8.
TAQUINET LE BOSSU, par Paul de Kock................	2 vol. in-8.
LA FAMILLE ALAIN, par Alphonse Karr.................	3 vol. in-8.
L'AMOUR QUI PASSE ET L'AMOUR QUI VIENT, par Paul de Kock...	2 vol. in-8.
LA MAISON DOMBEY PÈRE ET FILS, par Charles Dickens, traduit par Benjamin Laroche.......................	2 vol. in-8.
DEUX FEMMES ou l'Égoïste et le Dissipateur, par L. de Constant...	2 vol. in-8.
LE CHATEAU DE MONTBRUN, par Élie Berthet........	3 vol. in-8.
SCÈNES DE LA VIE RUSSE, par un conseiller d'État.....	4 vol. in-8.
CÉSAR BIROTTEAU, par Balzac.........................	2 vol. in-8.
SORTIR D'UN RÊVE, par Eugène de Mirecourt...........	2 vol. in-8.
L'AMOUREUX TRANSI, par Paul de Kock................	4 vol. in-8.
UNE TÉNÉBREUSE AFFAIRE, par Balzac.................	3 vol. in-8.
LE DUC D'ENGHIEN, par Marco de Saint-Hilaire........	1 vol. in-8.
LES HABITATIONS NAPOLÉONIENNES, par le même.....	1 vol. in-8.
SATANSTOÉ, ou la FAMILLE LITTLEPAGE, par Cooper.....	2 vol. in-8.
LES JUMEAUX DE LA RÉOLE, par André Delrieu, auteur de la Vie d'Artiste...	2 vol. in-8.
DETTE DE JEU, par P.-L. Bibliophile Jacob.............	2 vol. in-8.
L'AMANT DE LA LUNE, par Paul de Kock..............	10 vol. in-8.
D'ARTAGNAN, CAPITAINE DES MOUSQUETAIRES.	2 vol. in-8.
ALICE DE LOSTANGE, par Madame Camille Bodin......	2 vol. in-8.
LE GARDE D'HONNEUR, par Roger de Beauvoir........	2 vol. in-8.
L'HOTEL PIMODAN, par le même.......................	4 vol. in-8
LES BOURGEOIS DE PARIS, par Amédée de Bast........	2 vol. in-8.
LA COMTESSE DE BRENNES, par Léon Gozlan...........	3 vol. in-8.
LES DEUX FAVORITES, roman historique du temps de Duguesclin, par Emmanuel Gonzalès.................	3 vol. in-8.
LA TULIPE NOIRE, par Alexandre Dumas père.........	3 vol. in-8.
JEAN ET JEANNETTE, par Théophile Gautier...........	2 vol. in-8.
FRANCINE DE PLAINVILLE, par Madame Camille Bodin..	3 vol. in-8.
DIANE DE LYS ET GRANGETTE, par Alexandre Dumas..	3 vol. in-8.

Paris, Imp. de Paul Dupont, rue de Grenelle-St-Honoré, 45

www.ingramcontent.com/pod-product-compliance
Lightning Source LLC
Chambersburg PA
CBHW070437170426
43201CB00010B/1131